前憲法的国家の法理論

小関　康平——著

三恵社

目次

前憲法的国家の法理論

——小関康平 著

序章　問題設定と展開予告

1　問題の背景と所在

日本の戦後憲法学において、〝国家〟は、成文（成典）憲法(1)の対象――なかんずく、その規律対象――としてのみ、描かれることが多い。これは、近代立憲主義が国民の人権（Menschenrecht）なり、基本権（Grundrecht）を含む諸権利なりを保障し、国家の権力を分立せしめることを基調とすることからすれば、当然の理である。というのも、ここでは国家は、国民の人権あるいは基本権を含む諸権利を侵害する悪者としての配役を割り当てられる一方で、国民の人権あるいは基本権を含む諸権利を保障する主体として、社会契約論的構成において専ら合目的的・人為的に設立されたものとして観念され、これゆえに成文（成典）憲法の規律対象として考察されるからである。

かくして国家は、戦後憲法学において(2)、いわば〝陰画〟として描かれ、多くの憲法の体系書においては、せいぜいのところG・イェリネクの社会学的国家概念のような害のない概念が紹介されるに留まり(3)、それが後に展開される憲法（解釈）論の論拠となることもまた、ほとんどなかったといってよい(4)。『国家』は挨拶をしておくべき概念ではあるが、それ以上のものではない」(5)ものに留められている。あるいはまた、『憲法が構成しただけの』『国家しか』存在しないとされるゆえに、国家は、理論にとって、無視できる量(=quantité négligeable)として認められている」(6)。そのために、国家に関する積極的な考察は、放逐されつつある。

これは日本憲法学のみにおける問題ではない。ドイツ国法学においてもまた、パラダイムシフトが生じているとされる(7)。F・ギュンターによれば、国家はすでに七〇年代初頭には、国法学者の多数派において完全に研究対象とされなくなり(8)、結局のところ、現行基本法の下における学問的発展がもたらしたものは、〃国家なき国法学(=Staatsrecht ohne Staat)〃であったとされる(9)。「現在、国家は、法学部の教育計画から一般国家学が退いているように、……ますますドグマーティク及び理論から消滅しつつある」(10)。国法学(=Staatsrecht)は国家(=Staat)なきそれとなり、今や国家は国法学理論の論拠とはされず、国法学は憲法学に限定され、国法学の名が義務付けることをもはや果たしていない(11)。確かに、「憲法国家(=Verfassungsstaat)」という言葉は存在し続けているが、この「~国家」という表現は(12)、M・ストライスが「客体たる国家それ自体の概念的瓦解」(13)とするように、憲法の意味上の土台としてのみ寄与しているに過ぎない。あるいはまた、国家はあたかも〃製造中止になった旧型製品(=Auslaufmodell)〃であるかのような扱いを受けている(14)。その意味で、〝国家なき国法学〟という表現は、国法学における国家の位置付けの現状をいみじくも物語っているといえる(15)。このようにして、国家に対して、いわば〝死亡診断〟を下すことが、少なくともこの分野における現代インテリたちのア・ラ・モードとなっている(16)。

しかしながら、国家は、確かに成文（成典）憲法の（規律）対象ではあるけれども、他方で、それとともに成文（成典）憲法の前提条件(17)として、なお厳然と存在しているものである。すなわち、「憲法は随意に国家を形成するのではなくて、憲法それ自体は、その対象を通じて決定される」(18)のである。要するに、成文（成典）憲法が任意にある国家を形作るのではなくて、憲法学において成文（成典）憲法の（規律）対象と観念されている既存の個別・具体的な国家が参照されながら、成文（成典）憲法の内容が決定されるということである。

したがって、ある特定の成文（成典）憲法は、特定の国家に向けられており、かつ、それを前提としている。いずれの個別・具体的な国家に向けられたかがわからないような成文（成典）憲法などというものは、存在するのであろうか。このような、ある意味で当然といえるような論理が、少なくとも日本の戦後憲法学においては、忘却の彼方に葬られつつある。

2 本研究の意義——研究の巨視的な目的・射程

ある成文（成典）憲法がつねに特定の個別・具体的な国家に向けられており、そして、その対象となる国家を通じて決定されるのだとすれば、特定の具体的・個別的な国家像を描くのは、他ならぬ憲法学の課題であるといってよいであろう。J・イーゼンゼーにおいて、国家哲学は（成文（成典）憲法）解釈の裏箔（Staatsphilosophie als Interpretetionsfolie）(19)として位置付けられている。しかも、こうした特定の個別・具体的国家は、成文（成典）憲法において、その完全な像が示されるものではない(20)。また、成文（成典）憲法が「その対象を通じて決定された」ものであれば、「その対象」である特定の個別・具体的な国家像の探求が必要であるし、かかる国家像は、成文（成典）憲法の条規の解釈指針の一つに据えられるべきもののように思われる。

そうした国家像の探求によって獲得される所産は、成文（成典）憲法条規の解釈指針とされるべきものであるが、十分な国家像探求は、成文（成典）憲法の規定に対する思惟のみでは、望めないであろう。特定の個別・具体的な国家像を考える際に、憲法典外の要素を考慮する必要性が生ずる理由は、「法」一般に認められる次のような性質にある。

「法」は、「平和」や「愛」などの概念と同じく、それ自体何らかの物理的空間を支配する有体物《モノ》ではない。そして、法典ないし成文法それ自体は、それに付随する権威の程度の差は確かにあっても、単なる紙片に過ぎない。法典ないし成文法は、「法」それ自体ではなく、法典ないし成文法のみでは「法」の本領的意味は発揮されない。なぜなら、「法」がいかに機能し得るかの根拠あるいはメカニズムは、法典ないし成文法の外部に存在しているからである。このことは、特定の個別・具体的な国家像の探求に際し、憲法典の〝内〟——〝外〟間の行き来が必要とされ、かつ、是認されるべき実質的根拠となる。

このようにして、個別・具体的な国家像の探求への途を開くことには、成文（成典）憲法の解釈及び適用・運用に一定の指針の形成を準備することのみならず、〝憲法領域における不文法源〟(21)を含む実質的意味の憲法への理解を深める視座を与える意義(22)もまた見出されるかもしれない。

だが、冒頭に述べたように、これまで日本で支配的な地位を占めていた憲法学上の大勢の見解においては、少なくとも純理論的には、成文（成典）憲法という設計図に従って国家が設計され存在していると認識されている。ゆえに、このような——著者からすれば——いささか特異な憲法学的感覚に立てば、国家が憲法に後置するものとの帰結が当然に導かれることになるのである。

3　本書の目的・射程と構成

(1) 本書の目的・射程

以上のことから、著者は、次に示すような課題に対して一定の回答を与えることが本書の目的・射程ではないかと考えている。

第一に、成文(成典)憲法の解釈指針に据えられるべき特定の個別・具体的な国家像の探求は、上記の〝いささか特異な憲法学的感覚〟とそれに基づく国家の憲法に対する後置性という観念を反証することから開始されなければならないだろう。憲法に対する国家の後置性という観念の反証には、当然に国家の前憲法性の論証が要求される。

第二に、それに際しては、〝国家――憲法〟の関係が、――元来の〝規律主体としての憲法と規律客体としての国家〟という理解から――どのようなものに改められるべきであるのかも示されなければならない。

第三に、特定の個別・具体的な国家像を〝描く〟という場合に、何を基にして描くのか――モティーフや画材に相当するものは何であるのか――、そうした〝国家〟像は、何らかの――自然人が就任することになる――〃国家機関〃の意思とは異なるのか、という問題も検討されなければならない。

第四に、国家本質論の理論史においては、個別・具体的国家を把握するには、国家有機体説が有用とされているが、その趣旨をいくつかの諸点から確認する必要もあろう。さらには、国家法人説の台頭とともに放逐されてきた国家有機体説が、国家法人説とどのような関係にあるのかも、概観されるべきであろう。

第五に、現実に存在する個別・具体的国家を前提とした成文（成典）憲法理解を深めるために、〃憲法の前提条件〃という理論枠組みを、それに対する批判とともに紹介し、いくつかの分析を施したい。そのなかでは、成文（成典）憲法の内部における規律と外部における諸存在との関係を明らかにすることも求められよう。

第六に、国家像を中心としたそのような諸々の成文（成典）憲法外部の諸存在あるいは前憲法的諸存在をいかにして保護し得るのかについて、一定の回答を与えたい。これは、〃広い意味での憲法〃の〃広い意味での憲法保障〃としても位置付けられるものと考えている。

以上を要するに、本書の目的あるいは射程は、〃規律主体としての憲法と規律客体としての国家〃観の部分的克服に始まり、成文（成典）憲法の条規の解釈指針の一つに据えられるべき特定の個別・具体的な国家像の探求あるいは形成を行う手前までの、そこに向けられる基礎理論的枠組みの構築にある。そして、——いくらか先取り的に述べれば——本書のそうしたいくつかの段階のなかでは、次のことを確認することもまた、本書の重要な目的あるいは射程に数えられる。すなわち、ある成文（成典）憲法は、それ自体に、かかる成文（成典）憲法が向けられるところの国家の何らかの特殊性を表出させているということ、あるいは、そうした特殊性が当該成文（成典）憲法の実効性及び妥当性を一層強固なものとすること、さらには、成文（成典）憲法へのそのような特殊性の表出が不十分な場合には前憲法的諸存在を参照すべきことなどを指摘することである。

（2）本書の構成

以上に示した著者の問題意識［本書序章1］、及び、それに基づいて設定された目的・射程［本書序章3（1）］を踏まえて、本書は具体的には次のような構成を採ることとしたい。

第1章では、まず、国家の前憲法性の検証を大きく三つの観点から行う。第一の検証は、Verfassung/Constitution の言語概念的な観点から施される（第1節）。次ぐ第二の検証は、国家の法人性の観点から施される（第2節）。そして、第三の検証は、憲法の主題の観点から施される（第3節）。とりわけ、第2節の検証では、ドイツ国家の連続性の淵源を簡潔に確認するとともに、法人実在説を採ることによっても国家の法人的連続性を確認することができる旨を示す。なお、法人擬制説と法人実在説との間で後者に妥当性を見出す作業は、本書第3章第1節に委ねられている。また、第3節の検証には、米仏憲法史の概観によって国家の前憲法性の論拠を見出そうとする部分、そして、国家の目的と立憲的意味の憲法の目的とが重複するのか否かに関する検討が含まれている。これらによって、〝法学的ビッグバン〟の不存在という、本書の基本理解の一つもまた示されることになる。

第2章では、第1章で論証された国家の前憲法性という性質を受けて、〝国家――憲法〟の関係性をいかに捉え直すべきかについて、〝継受の憲法理論〟という視座を提供する（第1節）。それとともに、国家構造において、当該国家の連続性メルクマールが表出していることの例証として、ドイツ（連邦）参議院制度の略史をみる。この際には、ビスマルク憲法、ヴァイマール憲法、現行基本法の条規が参照される（第2節）。さらに、補完的な位置づけではあるが、国家の連続性メルクマールの例証として、スペインにおける国王及び国会の関係性についての検討も行われる（第3節）。

第3章では、まず国家が法人であるとすれば(23)、かかる法人性をいかに了解すべきかについて、F・C・v・サヴィニーの法人擬制説、及び、O・v・ギールケの法人実在説を鳥瞰し、その上で法人の実在性につき論証を行う（第1節）。次いで、法人とかかる機関との関係が代理関係であることを前提に、我が国における代理関係の諸例のいくつかに触れ（第2節（1））、本書の関心から、代理システムの本質を措定し（第2節（2））、かかる諸例の類型化を試み（第2節（3））、以って代理人関係における本人たる法人意思の所在を明らかにする（第2節（4））。さらに、以上の議論を踏まえた上で、会社等の法上の法人とかかる機関の代理関係のアナロジーとして、国家とかかる国家機関との関係を提示し、国家法人意思の画定にいかなる要素が援用されるべきかについて検討を行い（第3節（1））、補完的に、かかる国家法人意思の普遍的側面と特殊的側面に言及する（第3節（2））(24)。

要するに、国家が法人格を有し、国家機関とは独立に国家それ自体——本章［第3章］ではこれに国家法人という枠組みを当てているが——の意思が存在することを前提とした上で、かかる国家意思の探求に関連して、いかなる認識と評価が導かれ得るのかについての一つの試論である。かかる国家法人意思の内容は、いわゆる国家目的論の下において語られているところのものと重なる可能性をもつ。しかし、本章［第3章］は、それ自体の存在を国家の法人的側面から構成しようとするものということである。

第4章では、国家有機体説の素描を行い（第1節）、これを基に国家法人説と国家機械論（社会契約説）との比較において、いくらかの検討を行う。すなわち、まず、かかる国家有機体説と国家法人説の対比の下に、主として両説における機関人格の肯定・否定の妥当性、及び、国家法人説における国民人格の否定論理に焦点を絞って若干の考察を与える（第2節）。次いで、国家有機体説と国家機械論との対比において、国家機械論が一定の説得力を有してきた背景に触れ、国家有機体説において「法律」が国家意思の定式化とされるテーゼについて検討を加える（第3節）。

第5章では、〃憲法の前提条件〃という理論枠組みを扱う。というのも、〃憲法の前提条件〃という枠組みの下において、国家がその一例として示されていることから、前憲法的なるものとしての国家の位置付けを確認する上で、理論枠組みについての概観は、有用な知見を提供するものと思われるからである。

まずは、総論的内容として、〃憲法の前提条件〃という観念ないし理論枠組について、その批判的論者の見解(25)にも触れ、かつ、若干の私見を付しつつ、これを素描する（第1節）。次いで各論的内容として、一般に〃憲法の前提条件〃として挙げられるもののうち、そのいくつかについて言及する（第2節及び第3節）。これらを以って、本章［第5章］は、断片的ではあるが〃憲法の前提条件〃理論の紹介とし、あるいはまた、かかる論の有用性及び関連問題のいくつかを検討することに捧げられる。

第6章では、近代国家における〃市民のア・プリオリな基本義務〃（第1節）とされるもののうち、特に平穏義務（第2節）及び法服従義務（第3節）の論理を紹介する。その上で、法服従義務の論理を単純法（einfaches Recht）(26)だけではなくて、憲法を対象とする論理へと拡大転換する試論を描く（第4節）。それらを以って、本章［第6章］は、継受されるところの体系としてのVerfassung及び実質的意味の憲法までを対象とする憲法尊重ないし憲法服従の義務にかかる論理を、前憲法的諸存在を保護するための憲法保障の一つとして示すことになる。

終章では、以上第1～6章における論述の展開を再び振り返り、各章の連関を明らかにするとともに、本書において検討が尽くされなかった問題を今後の課題として示すことになる。

註

（1）本書においては、ところで、「実定憲法」という語を用いずに、「成文（成典）憲法」という語を用いる箇所が多々あるが、それは――基本的に――まさに制定されたものとしての（形式的意味の）憲法のテクストを意味しようとするものである。しかし、実定法と制定法との区別は、一般には、そこまで明確に意識されているようには思えないが、「実定法」という語の――以下に説明されるような――本来の意味を意識した上で、本書では敢えてこの語を用いていない。そこで、この点につき、一応のところ付言すると次の通りである。

すなわち、「……幾人かのフランスの公法学者は、〃現に適用されている規範〃に対してdroit positifという名を与えている。……〔例えば、〕ルネ・カピタンが、……一般に、《droit positif とは、制定者によって提示されている法ではなく、現実に適用されている法》であ〔る〕……、といっ〔ているし〕」（樋口陽一「「憲法変遷」の観念――憲法慣習論を中心として――」思想（一九六四年一〇月）四八四号一三七一頁）、我が国においても、かかる語義について不知であるわけではないと思われる（たとえば、金子宏ほか編『法律学小辞典』第四版（有斐閣、二〇〇四年）五〇八頁中「実定法」の項目）。だが、「……《実定法》という言葉はわが国では普通は、自然法的あるいは立法論的主張に対するものとして、人間の行為によって与えられたもの（=被定立性）という意味で、特に制定者によって与えられた制定法という意味で、また geltendes Recht という意味で用いられることのほうが多いし」、フランスでも同様の事情があるようである（樋口・同前）。

（2）他方で戦前の憲法教科書においては、国家に関する記述には比較的多くの紙幅が割かれており、実質的にも憲法学において国家が重視されていたことは、上杉愼吉『新稿憲法述義』第七版（有斐閣、一九二七年）一頁において、「凡ソ憲法ハ國家ノ根本法ナリ、國家ノ構成及國家的活動ノ基礎タル法ヲ憲法ト爲ス、憲法ノ研究ハ國家ノ研究ニ始マル。〔原文改行〕法ハ人ノ意志ノ規律ナリ、國家ハ多數ノ人ノ團體ニシテ、人ノ意志カ如何ニ規律セラレテ、國家ナル團體ヲ構成シ、之ヲ構成スル所以ノ目的ヲ達スルヤヲ知ルハ、國家ノ法學的研究ニシテ、即チ之ヲ憲法學ト爲ス」とされていることからも、また、黒田覚『昭和十一年度 帝國憲法講義案』（弘文堂書房、一九三七年）においては、「國家は社會學、政治學、倫理學其他諸種の學問に於て取扱はれてゐるが、法律學に於ても國家を問題とする。中でも憲法學乃至國法學に於ては、國家の問題はその基本問題の一をなすのであつて、茲では國家が全面的に問題とされてゐる」と述べられていることからも看取できる。

（3）こんにち例外的に国家について比較的紙幅を割いている憲法教科書としては、たとえば、長谷部恭男『憲法』第五版（新世社、二〇一一年）四 - 一〇頁がある。

（4）小山剛「陰画としての国家」法学研究八〇巻一二号（二〇〇七年一二月）一四四頁。

（5）小山・前掲論文（註4）一四四頁。小山もまた国家のこうした配役について、「もちろん、そのような配役は、理由があってのことである。……国家及び国家の任務は、それが国民の権利・自由に対する侵害として現れる場合にのみ憲法および憲法学と接点をもつ。国家は、基本権に対する侵害をいかに正当化しうるかという文脈で、裏側から、いわば、陰画として描かれる。〔原文改行〕このようにみれば、……〔イエリネクの社会学的国家概念のような」害のない定義を一つ与えておけばこと足りたためであるのかもしれない」としている（同一四四‐一四五頁）。

（6） *Josef Isensee*, Staat und Verfassung, in: Josef Isensee/Paul Kirchhof (Hg.), HStR II, 3. Aufl, Heidelberg, C.F. Müller Verlag, 2004, § 15, Rdnr. 7.

（7） *Isensee*, a. a. O (Anm. 6)., Rdnr. 6.

（8） *Frieder Günter*, Denken vom Staat her: Die bundesdeutsche Staatsrechtslehre zwischen Dezision und Integration 1949-1970, 2004, S. 321. なお、邦訳による紹介として、林知更「国家論の時代の終焉？——戦後ドイツ憲法学史に関する若干の覚え書き（1）・（2・完）」法律時報七七巻一〇号（二〇〇五年九月）一一三頁以下・同七七巻一一号（二〇〇五年一〇月）六一頁以下参照。

（9） *Günter*, a.a.O (Anm. 8)., S. 324 ff.

（10） *Isensee*, a.a.O (Anm. 6)., Rdnr. 6.

（11） Ebenda.

（12） 日本においてもまた、「……現代憲法学は、『平和国家』『社会国家』『政党国家』など、実にさまざまな標語を用いて、目標とすべき政策や問題とすべき現象を表わそうとしている。しかしながら、これらの標語がそれぞれどのような国家の実質・形体を表わそうとしているのか、実は、はっきりしないことが多い」とされている。大石眞「憲法学における国家」同『立憲民主制——憲法のファンダメンタルズ』（信山社、一九九六年）一二七‐一二八頁参照。

（13） *Michael Stolleis*, Staatrechtslehre und Politik, 1996, S.20.

（14） *Isensee*, a.a.O (Anm. 6)., Rdnr. 6.

（15） イーゼンゼーは、こうした国法学における国家の後退の背景について、憲法裁判所実証主義の増殖によって「……憲法に前置し、かつ、憲法よりも長く生きる国家存在の連続性を確認することは、憲法解釈者にとって必要とならなかった」こと（*Isensee*, a. a. O (Anm. 6)., Rdnr. 8.）、「危機の場合には、国家は、現実かつ必然として、完全に現れる」が、「連邦共和国が、これまですべての範囲の政治的及び経済的危機を免れ続けてきている」こと（*Isensee*, a. a. O (Anm. 6)., Rdnr. 9.）、国家のサービス業的企業化・社会化（*Isensee*, a. a. O (Anm. 6)., Rdnr. 10.）を挙げている。また、彼は反国家的情動について、「憲法パトリオティスムスは、パトリオティスムスが従来どおりに土地と人々に献じられる情感を、憲法の観念的価値の方へ迂回させた」（*Isensee*, a.a.O (Anm. 6)., Rdnr. 17.）とし、かつ、憲法パトリオティスムスは、「……超国家的な人間の価値というあいまいな概念によって、国土と国民を度外視し、歴史の遺産を排除し、現実から目を背けようとするものである」（J・イーゼンゼー「法的および前法的な統一体としての国民（Volk）――民主主義と国民国家の相互関係について」（以下、「法的・前法的国民」と略す。）同（ドイツ憲法判例研究会編訳・栗城壽夫ほか編集代表）『保護義務としての基本権』（信山社、二〇〇三年）四二一頁〔山本悦夫訳・解説〕）と評している。

(16) イーゼンゼーは国家の死亡診断について、「法学が国家をフェードアウトさせるならば、法学は、国家を、ここにおいて、こんにち、埋め合わせるものにつき、証明する義務があり続けるのである。国家はしかし、すべての没落予想よりも、これまで長生きしてきたのである」と批判している（*Isensee*, a.a.O (Anm. 6)., Rdnr. 18.）。

(17) 〝憲法の前提条件〟は、元々はH・クリューガーによって導入された観念であるとされる。*Herbert Krüger*, Verfassungsvoraussetzungen und Verfassungserwartungen, in: Horst Ehmke u. a. (Hg.), FS für Ulrich Scheuner zum 70. Geburtstag, Berlin, Duncker und Humblot, 1973, S. 285 ff. また、こんにち、かかる観念に批判的見解を提供するものとしては、たとえば、*Christoph Möllers*, Staat als Argument, München, C. H. Beck Verlag, 2000, S. 256 ff. がある。

(18) *Isensee*, a. a. O (Anm. 6)., Rdnr. 7. イーゼンゼーはまた同箇所において、「憲法が国家から離反させられ、かつ、ほかの任意の対象に適用可能となる場合に（開かれた社会、ヨーロッパ社会、世界的社会）、憲法は、規範的輪郭及び一貫性を忘却して機能し始めるのである」と述べている。

(19) Ebenda.

(20) *Isensee*, a. a. O (Anm. 6) Rdnr. 23.

(21) 日本の憲法学では、「成文憲法」あるいは「不文憲法」という言葉が、〃日本は成文憲法の国である〃という例にあるように、「成文憲法体制」あるいは「不文憲法体制」という意味で用いられることがある。さらに、そもそも、体制ではなく法源の性質を指す場合であっても、「成文憲法」あるいは「不文憲法」という術語は、〃文字化された憲法領域の法源〃あるいは〃文字化されていない憲法領域の法源〃という意味にも用いられていない。その場合には、「成典による憲法」あるいは「成典によらない憲法」を指している。それゆえに、たとえばマグナ・カルタや権利章典は成文法源であるにもかかわらず、多くの憲法学の概説書は〃イギリスは不文憲法の国である〃と書いているのである。しかし、このような用語法は、たとえば、民事法領域における「成文法」という場合に、民法典のみならず借地借家法などの諸法を包含することからすれば、憲法学において特異なものといえる。したがって、著者は、「成典憲法」あるいは「不成典憲法」という術語が浸透すべきと考えている。

このように、従来型の「成文（不文）憲法」というシニフィアンとシニフィエが浸透している状況にかんがみ、誤解を招くのを防ぐため、本書では、「不文憲法」という端的な表現ではなく、「憲法領域における不文法源」などの、やや煩わしい表現をあえて用いている。

(22) さらに、成文（成典）憲法上の中核的規範を画する指標を与える意義も見出される可能性があろう。

(23) 日本憲法学においてもドイツ憲法学においても国家法人説は自明の前提とされている。本章［第3章］においても、国家の法人性を検討の素材とするが、〃国家法人説〃が次のようなものとして特徴が描かれるとき、本章［第3章］は、この種の理論を直接の検討の対象とするわけではない旨、念のため付言しておく（むしろ、〃国家法人説〃を検討対象とするのは、本書第4章においてである。）。すなわち、「国家法人説の特質は、国家の独自の人格を主張したところにあるのではなく、自然法論や有機体思想が国家の人格の基礎においていた国民の人格を否定して、国家の人格のみを主張したところにある」（栗城壽夫「国家」芦部信喜ほか編『岩波講座基本法学2——団体』（岩波書店、一九八三年）二〇八頁）。

なお、明示的に国家法人説に対する否定論を展開するものとして、差し当たり、日本の議論においては——国民主権原理との関係から——、杉原泰雄『憲法と国家論』（有斐閣、二〇〇六年）三〇‐三一頁を、ドイツの議論の紹介としては、赤坂正浩「国家法人説とベッケンフェルデのアンシュタルト国家論」同『立憲国家と憲法変遷』（信山社、二〇〇八年）三頁以下を参照。

（24）なお、本書［特に第3章］における用語法につき、混乱を避けるため、一応説明を付しておく。すなわち、本書［特に第3章］は、法人は法以前の実在的存在であるとの立場を採るがために、単に「法人」という場合にあっては、民法等の制定法・制度上の法人のみにその意味を限定する趣旨ではない。反対に、制定法・制度上の法人を特に意味する場合には、「法上の法人」と表記するよう留意した。

（25）*Möllers*, a. a. O (Anm. 17)., S. 256 ff.

（26）蛇足でないことを念じつつ、術語についての補足的説明を一応付しておきたい。ドイツ法学においては、たとえば憲法（**Verfassung**）あるいは基本法（**Grundgesetz**）との対比の中で、**einfaches Recht** あるいは **einfaches Gesetz** という語が、**Gesetz im formellen Sinn / formelles Gesetz**（形式的意味の法律）（ちなみに **formelles Recht** は、**Verfahrensrecht**（手続法）を意味する）あるいは **Parlamentsgesetz**（議会制定法）という意味において一般に用いられることがある。そして、この **einfaches Recht** あるいは **einfaches Gesetz** という語に、「単純法」あるいは「単純法律」という訳語を当てることが多いように思われる。

第1章　国家の前憲法性と〝法学的ビッグバン〟の不存在

第1節　Verfassung/Constitution の言語概念的検証

本章［第1章］は、固有の意味の憲法概念についての検討から始まる。固有の意味の憲法ないし実質的意味の憲法という概念は、憲法の意味あるいは憲法の概念といった項目において、ほとんどすべての体系書の冒頭で、一つの基礎事項として取り上げられる。そこでは、様々なシニフィアンと対応するシニフィエ、そして、様々な分類法が描写され、混乱の様相を呈している(27)。憲法概念というテーマは、必ず取り扱われるテーマであるにもかかわらず、そこで行われた概念的作業が、そうした体系書における後の憲法議論の論拠となることはあまりない(28)。こうしてみると、憲法概念というテーマは、体系書において半ば形式的に取り扱われているにすぎないものと化しているように思えなくもない(29)。憲法概念というテーマについて、「研究の対象を正確に捉えることは、あらゆる学問の出発点」（圏点――著者）(30)と語られながらも、そうした出発点としての憲法概念というテーマは、憲法体系書における後の他のテーマという点との間を何らかの線で連結されていないことになる。本章［第1章］において憲法概念の検討から論じ始める趣旨は、それが、まさに憲法学の〝出発点〟であるということのほか、直接的には本章のテーマである〝国家の前憲法性〟の論証に有効な機能を発揮すると思われるからである。また、そうした意味のみならず、本書の構成全体をより巨視的にみれば、そのような〝出発点〟としての憲法概念というテーマと、本書の中で後に展開されるべき他のテーマという点との間に、最終的に、――一般に欠けている一定の線――を描くための予備的考察を行っておく必要があるからでもある。

さて、固有の意味の憲法は、「国家の統治の基本を定めた法」[31]であるといわれる。「国家の統治の基本を定めた法」というのは、むろん、成典憲法に限定されるものではなく、通常の法律その他の法形式において「国家の統治の基本」を定める場合も、往々にしてある。たとえば、「……その〔固有の〕意味における Verfassung は、ドイツでは一九世紀前半にもろもろの邦で『立憲君主制』(Konstitutionelle Monarchie) にもとづく成文憲法 (Konstitution ともよばれる) が制定されるまで、個別的な法令と慣習の総体として存在していたに過ぎない」[32]。固有の意味の憲法は、この限りでは、成文（成典）憲法体制においては、大石眞の概念整理における〝憲法典及び憲法附属法律〟[33]に符合するものである[34]。

固有の意味の憲法のこうした概念内容のゆえに、それは一般に、「いかなる時代のいかなる国家にも存在する」(35)とされる。また、国家のあるところに、こうした意味の憲法が存在するというのは一種のトートロジー(36)であるともいわれる。このトートロジー性は、いみじくも、すでにアリストテレス及びC・H・マクワルワインにおいて次のように語られることからも看取可能である。

「国制〔Staatsverfassung〕について、その種類の各々が何であるか、どのような性質のものかを研究するためには、まず国家に関して、それが何であるかをみることが考察の出発点になろう」(37)(アリストテレス)。

「英語の **constitution** が持ち得る種々様々な意味のうち、ギリシア語の **politeia** は、その最古の意味の一つしか意味していなかった。すなわち、それは、就中、現実にあるがままの国家を意味していた」(38)(C・H・マクワルワイン)。

このような単なる事実上の国制及びその周辺事項の選択問題としての固有の意味の憲法は、しばしば成文(成典)法規範としての固有の意味の憲法によって根拠付けられ、あるいは、成文(成典)法規範としての固有の意味の憲法に反映されることによって、その内容がオーヴァーラップすることがある。しかしながら、固有の意味の憲法のうち、このように成文(成典)法規範に編入されたものと未編入のものとは、概念的には異なるものと思われる。

このことは、佐藤幸治が、「日本語としての『憲法』は、法規範のみを示唆し、constitution を必ずしも正確に表現しているとは言い難い……」(39)と述べるところに示されている。すでにみた固有の意味の憲法概念のうち、「国家の統治の基本を定める法」の部分もまた(40)、法規範としてのそれ、すなわち Verfassungsrecht/Constitutional Law のみを意味している。けれども、それとは別に、「憲法」なる語からは捨象されている〝Verfassung/Constitution〟概念が厳然と存在している。それは、外国語の Verfassung/Constitution について、次のように説明されることからも明らかである。

「外国語で、VerfassungまたはConstitutionといわれるときは、Verfassungsrecht, Constitutional Lawの意味に用いられることもあり、また、単なる事実上の国家の体制、国家における実力関係あるいは政治的状態などの意味に用いられることもある。国家体制としてのVerfassungには、事実上のものと法上のものとが認められる」(41)。

「経験的にみれば、『Verfassung』は、いかなる政治的関係が、目下の時代・一定の領域において、事実上支配しているかについての回答を与えているものである。規範的にみれば、

『Verfassung』は、ある領域において政治的支配が法的に服従すべき規律を確立している」(42)。

このように Verfassung/Constitution には、規範的次元と事実上の次元が存在する。それにもかかわらず、日本の多くの憲法体系書は、こうした区別について、「無頓着のように見え」、規範的次元の概念と事実上の次元の概念につき、「……日本では、一つの語でその双方を統合的に集約して表現してこなかった……」し、また、そのような発想もなく、しかも他方で、「……この両者をカテゴリカルに峻別してきた、ということも難しいと思われる」との評価(43)さえ存在する。けれども、周知のように、こうした事実上の Verfassung なる概念は、たとえば、すでにF・ラサールが一八六二年に行なった演説においても示されている(44)。

付言すれば、Verfassung/Constitution は、そもそも、その原義からすれば、国家以外の組織体のそれを意味する語でもある。このことは、A・ヴィンセントにおいて、「コンスティテューションの最古の観念は、ものの外被や内部の働きを意味しており、なお現代語用法にも具体的に現れている」(45)と説明されていることからも明らかであろう。したがって、規範的なるものであれ、事実的なるものであれ、「ある対象（集団、組織、個体など）の存在性格を規定している基本構造」(46)とされるところの Verfassung/Constitution——固有の意味の Verfassung のうち、特に事実的なるもの(47)

――は、国家がVerfassungとしての秩序を求めるのと同様に(48)、換言すればVerfassungとしての秩序が必然的に国家において存在するように、あらゆる組織体に存在しているのである。そのため、J・イーゼンゼーの述べるように、「すべての組織体は、公的性質であろうと私的性質であろうと、Verfassungをよりどころとせざるを得ない」(49)。要するに、Verfassung/Consitutionという語は、国家の専売特許ではない。それにもかかわらず、こうした意味でのVerfassung/Constitutionについて、なおいっそう説明が乏しいことは、今に始まったことではないといわれている(50)。

他方で、たとえば松井茂記(51)は、いわゆる固有の意味の憲法が、あらゆる国家において存在するとされることについて、「……このような理解は、そもそも憲法という観念自体が一定の歴史的背景から（つまり近代という時代に）一定の国において（つまりアメリカ及びフランスにおいて）用いられるようになったことを無視するものである。憲法という観念自体が歴史的なものであり、それはどこの国にもどこの時代にも存在したものではない」(52)と批判している。なるほど、このような主張は、「……近代ヨーロッパという時代の産物としての憲法を強調し、憲法という観念自体と近代立憲主義の原理の結びつきを強く意識させるためには有効」(53)であり得よう。しかし、他方でそれは、「……『憲法』という言葉が持つ影響力、効果を吟味する段階の問題」(54)として妥当する余地があるにしても、〃固有の意味の憲法〃概念を画定する段階の問題としては、すでにみた固有の意味の憲法のうち特に事実的なるものと、原義的意味における Verfassung/Constitution とが存在するとの理解からすれば、にわかには賛同し難いといわざるを得ない(55)。

以上のような Verfassung/Constitution の言語概念的理解から帰納できることは、目下の成文（成典）法規範としての Verfassung に事実としての Verfassung(56)が時系列的に前置しているということであろう。なぜなら、組織体が成立・発生したモーメントにおいて成文（成典）法規範が自働的に定立される必然性はないからである。これを国家と成文（成典）憲法との関連において端的にいえば、「国家の認識は、憲法の認識よりも先行する」(57)ということにほかならない。

このように、国家の前憲法性は、Verfassung/Constitution の言語概念的検証を通じて明らかになるのである。

第2節　国家の法人性検証

1　国家法人としての連続

国家の前憲法性は、法的主体としての国家が、歴史的に存在する複数の成文（成典）憲法の体制にわたる連続性を有している点からも確認されよう。「法本質概念としての法人概念」を重視したものとしての、あるいは、イデオロギー性を重視したものとしての、「国家法人説」的立場(58)を採るか否かは別にしても、少なくとも法技術的必要性から、国家には、法的な権利義務関係の主体としての法人格が認められなければならない。

たとえばドイツ国家は、基本法が制定されたにもかかわらず、「〔従来からの〕法人として没落していない」(59)し、ドイツ基本法前文は、「新たな国家を設立しようとしたのではなくて、存続している国家――むろん、当初は国家の一方の領域〔=旧西ドイツ〕におけるものではあったが――を新たに整理しようとした」(60)ものである。そうしたドイツ国家の複数の成文(成典)憲法にわたる連続性は、イーゼンゼーによれば(61)、その端緒を、いわゆる一一月条約によるドイツ帝国(一八七一年)、ないし、いわゆる八月条約(62)による北ドイツ連邦(一八六七年)の成立に求めることができる。

さらにキルヒホフは、「憲法は、……長い間、改正不能な核心内容(憲法のアイデンティティ)を伝えようとしている(憲法の連続性)」(63)とし、ビスマルク憲法、ヴァイマール憲法及び現行基本法の各々の前文を参照して、「基本法は、当初から、新たな国家を築くために取り決められたのではない」(64)として、国家の連続性と同時に憲法(Verfassung)の連続性をも承認している。

かくして、成文(成典)憲法の死は、国家の死を必ずしも意味し得ず、「法主体としての国家の連続性は、かかる国家の憲法及び体制の不連続性〔という状況の中〕を生き長らえる」ことができる(65)。すなわち、「……国家は成文（成典）憲法の失効に際してもまた、存続し続け……成文（成典）憲法は、これに反して、国家の滅亡によって効力を失う」(66)のである。したがって、「制憲者〔によって作られた〕憲法の喪失によって、国家は、その正統性を失うが、しかし引き続いて存続する」(67)ものであるといえる。君主制から共和制への革命的転換（一九一八年）後に、G・アンシュッツもまた、「共同意思は、かかる共同意思が変革をもたらし、ないしは、承認したことによって、新たな担い手と機関を獲得した。憲法は変化し、国家は存在し続けてきたのである」(68)との言葉を残している(69)。加えて小嶋和司もまた、「……国家と憲法典との関係を述べれば、憲法典は国家の存在なくして効力をもちえず、国家が消滅すれば、その生命を終る。が、国家は、憲法典の消滅によって、その生命を終るものではない」(70)としている。

2　国家法人の擬制性と実在性

このような国家の法人性は、成文（成典）憲法によって国家が法的に構成されたことによって初めて生じるものではない。このことは、法人一般の性質について、民法学においては法人擬制説との対立構図の中でとらえられる、法人実在説を採ることによっても導かれる。というのも、法人が法以前に実在するものと理解する法人実在説を採ることができるならば〔第2章第1節参照〕、国家もまた成文（成典）憲法以前に法人格を有する実在的主体として確認されるはずだからである(71)。

この点、たとえばモンテビデオ条約一条には、「国際法人格としての国家」の要件が規定されている。さらに、国際司法裁判所規程（一九四五年）三四条一項は、国家に当事者能力を与えており(72)、友好関係原則宣言（一九七〇年）も国家の法人格を確認している(73)。こうしてみると、なるほど確かに、これら諸条約の存在のゆえに、すなわち、これらの諸条約の規定によって国家の法人性が擬制されているがゆえに、国家の法人性が根拠づけられているかのようにもみえる。

しかしながら、国家は、その法人性を、たとえばモンテビデオ条約一条のような成文条規によって初めて獲得しているというわけではなかろう。もしそうであるならば、そうした国際法上の諸条規以前における国家、あるいは、そうした条約締結国でない国家が、権利能力主体性を有する団体として、条約締結等の法的行為をなし得なかったはずである。

＊＊＊＊

このように、国家の前憲法性は、国家の法人性検証を通じても明らかとなるのである。

第3節　憲法の主題検証：成文（成典）憲法の主題と〝国家〟という主題
――〝国家〟という主題は成文（成典）憲法にふさわしいか？

1　〝当然の所与〟性

すでにみたように、少なくとも事実問題としての国家それ自体は、成文（成典）憲法よりも先行する。しかし、それにもかかわらず、成文（成典）憲法において、国家それ自体、あるいは、国家・憲法の前後関係は、明らかにされていない。また、国家発生についての仮構的契約理論にあっては、国家は、専ら合目的・人為的に設立され、成文（成典）憲法に後置するものとして描かれる。このように、成文（成典）憲法が国家・憲法の前後関係について語らないということは、憲法が、そのような仮構的契約理論に依拠しているということの自己証明を意味しているように思えなくもない。というのも、仮構的契約理論を採れば、成文（成典）憲法以前に国家は存在しないことになり、これゆえに、成文（成典）憲法は国家について語ることができないと考えられるからである。

しかしながら、〝国家〟という主題は、成文（成典）憲法を問題にする段階では、すでに当然の所与と化しているために、本質的に成文（成典）憲法の主題にはふさわしくないものとなる。つまり、成文（成典）憲法は、国家というものを、〝語ることができない〟ものとしてではなく、〝ことさらに語る必要がない〟ものとして捉えているのである。このことはすでに、小嶋により、「……憲法典は統治制度の目的意識的な整序規定にすぎず、それは社会的事実としての国家の存在を前提としてのみ有効なものとなる」(74)と指摘されている。したがって、国家発生についての仮構的契約理論には、事後的な国家の正当化論拠としての有用性、あるいは、間接的に憲法の立憲的意味を啓蒙する意義は認められるけれども、すべての具体的・個別的国家の発生の端緒を説明するものとしては、不十分どころか不適切であると思われる。

成文（成典）憲法が国家それ自体をテーマとしないことについては、イーゼンゼーによって次のような経験的事象からも例証されている。

第一に、一七八九年フランス人権宣言についてである。フランス人権宣言が見出した成文（成典）憲法の主題準則（Themenkanon）である、人間及び市民の権利、国民主権、権力分立といった、「憲法の人間的教導（Menschheitsbelehrung）への全潮流の中で、憲法は、それ〔＝国家〕に言及しなかったのである。フランス革命は、絶対君主制の遺物として眼前に見出された決定構造を、かかる構造を民主化かつ自由主義化するために、暗黙裡に我がものとした。〔絶対君主制として成立した〕近代国家の形式的コンセプトは、すなわち、後に起こるであろう、すべての革命及び憲法改正を展開することになる範囲内であるところの地平をも形成している。かかる革命及び憲法改正は、眼前に見出された国家形式について別の可能性を生み出したのであって、他方で、国家としての、国家についてのそれを生み出したのではなかった」。(75)

第二に、初期の米国憲法についてである。米国憲法は、現存する国家機関を受け継ぎ得なかった点においては、異なる経緯を有している。しかしながら、「……米国憲法の父達は、国家を見出す必要はなかったのである。彼らは、秩序モデルとしての国家を眼前に見出した。彼らは、彼らが代表する国民（Volk）が、国家的存在形式を獲得すべきか否かについて、考えを一致させる必要はなかったのである。彼らは、国家統一への意思がすでに現存していたからこそ、憲法を審議したのであった」。むしろ困難であったのは、「……統一がいかなる形式において組織化されるべきか、いかなる条件の下において、そして、いかなる限界の範囲内において国家権力が行使されるべきか、という問題であった」。(76)

国家が成立するための、国家統一という意思内容の実現可能性は、成文（成典）憲法の成立その他の事情によって実定的・遡及的に再確認される。しかし、そうした意思内容は、成文（成典）憲法の中にその端緒を有しているのではない。したがって、米国国家の国家統一への意思は、合衆国憲法――すなわち一七八七年の各州の代表によるフィラデルフィアでの同憲法の起草ないし一七八八年の同憲法の発効――以前に存在していたということである。

米国国民は、現在、独立宣言が署名された一七七六年七月四日を独立記念日としているが、英国は、当時、この宣言を認めずに、両国は独立戦争へと発展していくこととなる。そのことを考えれば、国家統一という意思内容は、独立宣言への署名において認められないことはない。しかしながら、そうした意思内容が、その実現可能性において、単なる一方的なものでなくて、間主観化され、ある程度の客観的性質を帯びる段階は、一七八三年に英国がパリ条約の調印によって米国を主権国家として承認した時点であろう。ここで、国家統一という意思内容の実現可能性を問題とする所以は、P・キルヒホフにおいて、「国家の構成可能性は、結局のところ、かかる国家の主権、他方向に反れず、直接的に異化し得ない権力、あるいは、少なくとも権力への可能性を、前提としている」[77]と述べられ、さらにはまた、小嶋において、「……憲法典は、国家が存立することのみならず、国家が主権を有することを前提として制定される」[78]と論じられることからも明らかとなろう。

これゆえに、阿川尚之が述べるように、「……アメリカ合衆国は、パリ条約調印の年、一七八三年に誕生したとも言える」[79]のである。もっとも、パリ条約調印が単なるイギリスからの独立という事象を超えて――この時点では今日存在する米国のような統一国家ではなく実際には一三の独立主権国家であったが[80]――、米国国家の成立の淵源といえるのは、これに先行して、独立宣言の中に国家統一の意思が存在していたからであり、さらにいえば、パリ条約調印に先んじて連合規約(81)が採択され、発効していたからであった。そして、この連合規約の重要性は、まず、その第一条において、すでに連合の名称を「アメリカ合衆国」(United States of America)としていたことにある。そして、それ以上に何よりも、連合規約に根拠付けられる連合会議の許諾の下に、後にフィラデルフィアで開催されるところの連合規約改正のための会議(82)が、その結果として出した連合規約改正こそが、今日の〃米国合衆国憲法〃以外の何ものでもなかったことを看過してはならないように思える。というのも、このことは、米国国家統一への意思が、まさに〃米国合衆国憲法〃という成文(成典)憲法以前に存在していたということを明らかなかたちとして示しているからである。

上記に紹介したようなフランス人権宣言及び初期の米国憲法という史実に即した例証が示唆しているように、成文(成典)憲法の主題は、国家ではなくて、国家形式及び統治形式であり、したがって、それは、「権力独占ではなくて、なるほど、確かにそうでもあるのだが、権力分立であって、国家権力ではなくて、国家権力の合法的行使の条件なのである。憲法は、国家という決定統一体(Entscheidungseinheit)を前提とする。成文(成典)憲法の主題は、決定が下されたところの、権限及び手続の調整である」(83)。また、キルヒホフにおいても論じられるように、「制憲者(Verfassunggesetzgeber)は、国家の存在や滅亡を決定するのではなくて、かかる国家の組織、かかる国家の行態様式、及び、かかる国家の将来的発展を決定する。成文（成典）憲法は、国家を前提とし、かつ、国家に手を加える」(84)ものである。

このことは、阿川が米国憲法史について、先に示したようにパリ条約調印の時点で米国の国家成立を認める可能性を示しながらも、諸々の主要な国家機構の設置がなされたのが一七八九年であることを示して、「今あるかたちでのアメリカ合衆国は、こうして新憲法の採択とそれにもとづく連邦政府の発足によって、一七八九年に誕生したのである」(85)と述べていることにも、表れている。すなわち、ここでいうところの米国とは、「権力分立」ないし「国家権力の合法的行使の条件」が成立したところの国家であって、純然たる「権力独占」主体としての米国国家の成立は、先にみたようにパリ条約調印の時点である。

以上のように、国家の前憲法性は、憲法の主題検証を通じても明らかとなるのである。

2　補論：〝目的の重複〟性？

国家が先か憲法が先かという議論があまり聞かれないのは、国民の人権（権利）・自由を守る憲法――立憲的意味の憲法――の目的と、国家の目的とがおおむね重なり合うためだともいわれる(86)。そして、それ以上に、こうした議論があまり盛んでないのは、まさに、「……戦後もわが国において広く支持されているのは社会契約説である」(87)という背景が存在するからにほかならない。さらには、日本国憲法の前文が、J・ロックの国政信託論を想起させ、社会契約説的思想に立脚している(88)とされるからであるのかも知れない。

ここで問題となり得るのは、①国家の目的と立憲的意味の憲法の目的が常に重なるのか、そして、②憲法の目的は立憲的意味に局限されるのか、ということである。前項［第1章第3節1］において触れたような単なる「権力独占」主体としての国家の一般的理念型は、対外主権を確立させた初期近代（近世）国家(89)を想定しているものである。したがって、このような一般的理念型としての初期近代（近世）国家の目的は、国民の人権（基本権）を守るという立憲的意味の憲法の目的とは、次元を異にする異質のものであろう。というのも、初期近代（近世）国家においては、主権国家の確立と、そして、その客観的なものとしての対内的・対外的安全（Sicherheit）の確立のために、権力の統一化を図ることに重点が置かれたからである。これに対して、立憲的意味の憲法を有するに至った国家――すなわち、近代立憲主義国家あるいは憲法国家――は、そうした初期近代（近世）国家の主権構造を前提とした上で、フランス人権宣言一六条の言辞において表現されるような人権（基本権）保障・権力分立などの諸価値のための法の支配の確立を目指したものだった。さらに、こうした古典的な憲法国家の前提の上に、二〇世紀的社会国家の理念が層を形成するものとなる。

このような国家の多層的形態において、成文（成典）憲法によって規定されることによって与えられる国家の目的と、成文（成典）憲法にことさらに規定されるまでもなく初期近代（近世）国家性によって元来与えられている国家の目的とがあることを考えれば、①国家の目的と立憲的意味の憲法の目的とは、必ずしも一致するものではなかろう。

このような国家の多層的形態に加えて考慮されなければならないのは、具体的・個別的国家という局面である。すなわち、史実上いかなる要素を以って、かかる具体的・個別的国家たり得てきたかという局面と、初期近代（近世）国家・憲法国家・社会国家の各局面とを構成する諸価値は、必ずしも重なり合うものではない。なぜなら、前者は、主として当該国家の特殊性、あるいは、かかる国民のアイデンティティに関するものだからである(90)。そのことをも併せ考えれば、②成文（成典）憲法の目的が立憲的意味に局限されるものではないこととなろう。

この点、いわゆる社会契約論――T・ホッブズにせよ、ロックにせよ――は、その特徴が、現実と切断された抽象的個人像を前提とした人為的国家観であると整理されるように(91)、国家と憲法における現実の具体的・個別的なるものに関心を払わない理論構成を採っている。近代的な憲法国家の成果は、キルヒホフが述べるように、「共同体が成文（成典）憲法によって組織されている場合に、高権的に組織化された共同体をただ国家として承認したこと」(92)でもある。けれども、同時に彼が述べるように、「こうした〔成文（成典）憲法によって国家が規律されているという〕国法上の留保は、しかしながら、成文（成典）憲法が国家を生み出し得たとされることを意味するものではない。むしろ成文（成典）憲法は、〔国家が〕構成される可能性（**Konstitutionsfähigkeit**）――根本的国家性――の最低限がすでに存在する場合に、まず準備され、決定され、公布され得るのである」(93)（圏点――著者）。加えて、社会契約論流の国家像は、具体的・個別的国家の局面を構成する諸価値を説明することができない可能性をもつし、また、前憲法的国家像の探求を阻むことにもなろう。

前項〔第1章第3節1〕にも述べたが、社会契約論的構成が何らかの意義を提供するものであるにしても、具体的・個別的国家は、かかる理論における国家に収斂されるものではないし、さらには憲法学における国家もまた、そのようなものであってはならない。その理由は、イーゼンゼーの述べるように、すでに言語用法において表れているといえる。すなわち、一般に、**"die Rede von der Verfassung"**と書き表す場合に、**Verfasssung** に不定冠詞ではなくて定冠詞が付されるのは、**"die Verfassug des Staates"**、すなわち、特定の国家の特定の憲法を意味し、特定の憲法は特定の国家のために与えられていることによっているからであり、これゆえに、「憲法学は国家学の構成要素であり、憲法史は国家史の一部門」であるからにほかならない(94)。

第4節　小　括

在来の戦後日本憲法学は、国家を憲法の規律対象としてのみ把握し、その前憲法性を等閑に付してきた。それは、憲法の立憲的意味を啓蒙する意図があってのことなのか、あるいは、また国家について社会契約論的構成を重視してきたことの必然的帰結であるのかも知れない。他方で、そうした言説は、J・v・アイヒェンドルフによって示される次のような意識を忘却の彼方に追いやってきた感が否めない。

「憲法が単なる茶番であるべきでないならば、国民の歴史によって、そして、そこにおいて、憲法は、それ自身を支え保ち、かつ、かかる樹木が根を下ろすところの地面を覆い、常緑を放つ樹冠における最も内側の真髄を天空に向け、活き活きとした樹木のように、有機的に成長しなければならないのである」(95)。

しかしながら、国家の前憲法性は、①Verfassung/Constitutionの言語概念的検証〔第1章第1節〕、②国家の法人性検証〔第1章第2節〕、③憲法の主題検証〔第1章第3節〕という三局面からの分析によって、理論的に確認することができた。このような帰結を導出できたのも、イーゼンゼーの言葉を借用すれば、組織体の状態に、あり得る問題設定・あり得る価値及び射程を決定付ける基礎が存在し、「組織体それ自体が、かかる実体によって予め形成されている」からに他ならない(96)。この国家の前憲法性の論証は、前節［第1章第3節］2においても示唆したように、具体的・個別的国家像を探求するには、法学世界において成文（成典）憲法以前に国家が存在することを承認する必要性があるために行われたものであった。このことは、同時に、「成文（成典）憲法による、前提条件を欠いた新たな〔国家の〕端緒」(97)は存在しないことを意味している。いうなれば、〝法学的ビッグバン〟(98)は存在しないということになる。あるいはまた、プラトン流に、国制が樫の木や岩から生まれてはこないということもできよう(99)。

この点との関連では、戦後の日本で行われた、憲法の制定法理についての仮構的革命理論（八月革命説）(100)が大いに関心を惹き得るものとなる。ここでは、法理的革命によって憲法の連続性の否定と国体の断絶とが構成されている。同理論でいうところの国体の意味範囲にもよるけれども、憲法の連続性の否定が、すなわち国家の連続性を否定するものであるとするならば、それは目下の成文（成典）憲法とそれに前置する国家との関係を等閑に付しているものといわざるを得ない。このように、国家がそもそも憲法に後置するものであるとの前提の下では、あるいは、国家と憲法との前後関係が議論されないところでは、憲法を超える国家の連続性が俎上に上がる可能性は、ほとんどなくなってしまうだろう。〃革命〃というフィクションが国家の現実の連続性を暗中に誘い、その認識を阻んでいくことになるのである。

さて、次章〔第2章〕においては、国家を成文（成典）憲法の規律対象としてみる国家観のアンチテーゼとして、具体的・個別的国家を探求し得る視座を提供するとともに、国家の連続性の例証を行うこととしたい。

註

（27） 赤坂正浩「憲法の概念について」立教法学八二巻（二〇一一年四月）は、ドイツ及び日本の伝統的用語法において、実質的意味の憲法は、固有の意味の憲法に同義であると説明しており、立憲的意味の憲法が実質的意味の憲法の一種として、立憲的意味の憲法と固有の意味の憲法を対概念ないし対立概念のように描くことを問題視している。

なお、これらの分類方法論の是非について検討することは本章〔本書第1章〕の目的ではないので、以下では便宜的に、単に「固有の意味の憲法」とする。これに対して、「……立憲的意味の憲法と固有の意味の憲法の区別は、憲法の内容を問題としており、実質的意味の憲法についての区分である。実質的意味の憲法を固有の意味の憲法と同視する見解もないわけではないが、立憲的意味の憲法も実質的意味での憲法を対象とする観念であり、実質的意味と固有の意味の二つの憲法概念は区別を要する」（野中俊彦ほか『憲法Ⅰ』第三版（有斐閣、二〇〇一年）六頁〔高橋和之執筆〕）とする見解も存在する。

(28) 赤坂・前掲論文（註27）九七頁。

(29) であるから、赤坂・前掲論文（註27）一〇〇頁は、「混乱に満ちた『実質的意味の憲法』『固有の意味の憲法』の概念を教科書の冒頭（だけ）で取り上げる必要はない」とし、「憲法関連法令」の語を使用すべきことを提案している。

(30) 芦部信喜（高橋和之補訂）『憲法』第三版（岩波書店、二〇〇二年）四頁。

(31) 芦部・前掲書（註30）四頁。

(32) 山田晟・村上淳一編『ドイツ法講義』（青林書院新社、一九七四年）一頁。

(33) 大石眞『憲法秩序への展望』（有斐閣、二〇〇八年）三頁・六‐七頁。同「憲法の法源」大石眞・石川健治編『憲法の争点』（有斐閣、二〇〇八年）八‐九頁。

(34) もっとも、「実質的意味の憲法の範囲を厳密に確定することは不可能」であるとされる。たとえば、長谷部・前掲書（註4）三頁。

(35) 芦部・前掲書（註30）五頁。

(36) 樋口陽一編『ホーンブック憲法』改訂版（北樹出版、二〇〇〇年）八三頁〔長谷部恭男執筆〕もまた、「……国家のあるところに実質的意味の憲法が存在するというのは一種のトートロジーである」と述べている。ここでは長谷部は、「実質的意味の憲法」という語を固有の意味の憲法の概念範囲で用いているものと思われる。というのも、長谷部・前掲書（註4）四‐五頁においては、憲法概念の説明にあたって〃固有の意味の憲法〃というタームは用いられておらず、実質的意味の憲法の説明の中でそれが語られていると思われるからである。

(37) アリストテレス（牛田徳子訳）『政治学』（京都大学出版会、二〇〇一年）一一二頁。

(38) C・H・マクワルワイン（森岡敬一郎訳）『立憲主義 その成立過程』（慶應通信、一九九六年）四一頁。

(39) 佐藤幸治『憲法』第三版（青林書院、一九九五年）一七頁。

(40) ここでいう「法」とは、成文法体制においては、憲法典を含む成文法を中心とする法源の集合を想定している。これは、慣習法を排除する意図を含むものではないが、少なくとも単なる一過的な事実状態を含まないとする意ではある。なお、事実の規範力については、差し当たり、考慮対象外としている。

(41) 清宮四郎「憲法の法的特質」有倉遼吉・吉田善明編『憲法の基本原理 文献選集 日本国憲法1』(三省堂、一九七七年)一〇頁。

(42) *Dieter Grimm*, Ursprung und Wandel der Verfassung, in: Josef Isensee/Paul Kirchhof（Hg.）, HStR I, 3. Aufl, Heidelberg, C. F. Müller Verlag, 2003, §1, Rdnr. 1.

(43) 長谷川史明「憲法の意味に関する覚書」志學館法学八号(二〇〇七年三月)一〇一頁。

(44) *Ferdinand Lassalle*, Über Verfassungswesen, Neue Ausgabe von E. Bernstein, 1909. このほか、C・シュミットが実定的憲法(Verfassung)概念について、規範的なるものとしての Verfassungsgesetz と異なって、それが単なる事実としての政治決定である旨を述べたこともまた有名に過ぎる(Carl Schmitt, Verfassungslehre, 1928, S. 75-76)。

(45) A・ヴィンセント(森本哲夫監訳・岡部悟朗訳)『国家の諸理論』(昭和堂、一九九一年)一〇四頁。

(46) 長谷川・前掲論文(註43)九九頁。

(47) たとえば法人を設立する場合に作成する定款は、かかる法人の規範的意味での――しかも制度的な――Verfassung であるが、事実的意味での Verfassung はそれ以前に存在している。というのも、法制度的規範としての根本原則がない任意団体でさえ、組織体である時点で、その「存在性格を規定している基本構造」を示し得るからにほかならない。

(48) *Isensee*, a.a.O (Anm. 6)., Rdnr. 3.

(49) Ebenda.

(50) 長谷川・前掲論文(註43)九九 - 一〇〇頁は、なおいっそう、「たとえば明治四二年の『法律大辞典』では、……constitution とは、もともと事物の基本構造を意味する、という説明は、乏しい」としている。

(51) 松井茂記『日本国憲法』第三版(有斐閣、二〇〇七年)二二頁。

(52) 同旨として浦部法穂『全訂憲法学教室』(日本評論社、二〇〇二年)一九頁参照。

(53) 真鶴俊喜「憲法の概念――立憲主義と最近の憲法改正論――」藤女子大学紀要第Ⅰ部四三巻八四頁。

(54) 真鶴・前掲論文（註53）八四頁。

(55) これゆえに、松井・前掲書（註51）二二一頁も引用する一七八九年フランス人権宣言一六条が、「権利の保障が確保されず、権力の分立が定められていないすべての社会は、憲法をもたない」とするのは、単に啓蒙的意義を有し、優れて抽象的段階で〝立憲的意味の憲法〟概念を示すものに過ぎず、それ以上の法理論的評価は成立し得ない。

(56) そこには純然たる事実のみならず、もちろんのこと、現行法秩序の中で規範化されているか否かを問わず、旧法秩序の下において規範的に既に基礎付けられた経緯のあるものをも含まれよう。

(57) *Isensee*, a. a. O (Anm. 6)., Rdnr. 20.

(58) 栗城・前掲論文（註23）二〇八頁において、「国家法人説の特質は、国家の独自の人格を主張したところにあるのではなく、自然法論や有機体思想が国家の人格の基礎においていた国民の人格を否定して、国家の人格のみを主張したところにある」とされるように、いわゆる「国家法人説」は、この意味で単なる法技術的見地から国家に法人格を構成しようとするものとは区別される――もっともイェリネクのそれは、社会学的概念の下に団体としての国家をも併せて認めているが、法人としての国家との連関については必ずしも明らかでないとされる（同二一一頁）――。

また、「法本質概念としての法人概念」とは、国家法人説の解説の中で、「法技術的概念」としての法人に対比的に描かれるものであって、「法本質概念としての法人とは法規範の複合体で、一定の法秩序の統一性を擬人的に表現したものであって、法秩序の形成されている法社会（国家を含めて）には必然的に伴うものである、というもの」として説明される（渡辺良二「国家」杉原泰雄編『講座・憲法学の基礎1（憲法学の基礎概念1）』（勁草書房、一九八三年）二頁以下参照）。

なお、国家法人説をそのイデオロギー性ないし国民主権原理との関係から問題視するものとして、杉原泰雄『憲法と国家論』（有斐閣、二〇〇六年）三〇－三一頁以下がある。また、ドイツにおいても国家法人説は自明の前提とされているが、明示的に否定論を展開し、アンシュタルト国家論なるものを提示するものとして、*Ernst-Wolfgang Böckenförde*, Organ, Organisation, juristische Person, in: FS für H. J. Wolff,

1973, S. 269 ff. さらに同論稿の邦語による紹介として、赤坂正浩「国家法人説とベッケンフェルデのアンシュタルト国家論」同『立憲国家と憲法変遷』（信山社、二〇〇八年）三頁以下。

(59) *Isensee*, a. a. O (Anm. 6)., Rdnr. 36.

(60) Ebenda.

(61) Ebenda.

(62) なお、八月条約の法的性質については争いがある。Vgl. *Meyer-Anschütz*, Lehrbuch des Deutschen Staatsrechts, 1919, S. 195, S. 200-201; *Reinhold Horneffer*, Entstehung des Staates, 1933, S. 163-164; *Friedrich Giese*, Deutsches Staatrecht, 1930, S. 50.

(63) *Paul Kirchhof*, Die Identität der Verfassung, in: Josef Isensee/Paul Kirchhof (Hg.), HStR II, 3. Aufl., Heidelberg, C.F. Müller Verlag, 2004, § 21, Rn. 3.

(64) Ebenda.

(65) *Isensee*, a. a. O (Anm. 6)., Rdnr. 36.

(66) *Kirchhof*, a. a. O (Anm. 63)., Rdnr. 27.

(67) *Kirchhof*, a. a. O (Anm. 63)., Rdnr. 70.

(68) *Gehard Anschutz*, Die Verfassung des Deutschen Reiches vom 11. Augst 1919, 1933 (14. Aufl.), Einleitung S.1. Ebenso Julius Hatschek, Deutschland und preußisches Staatsrecht, Bd. I, 1992, S.11; *Carl Schmitt*, Verfassungslehre, 1928, S.93ff.; *Richard Thoma*, Die rechtliche Struktur des deutschen Staatwesens, in: Anschütz/Thoma, S.169.

(69) *Isensee*, a. a. O (Anm. 6)., Rdnr. 36.

(70) 小嶋和司「法源としての憲法典の価値について」同『小嶋和司憲法論集三　憲法解釈の諸問題』（木鐸社、一九八九年）五〇四頁参照。

(71) この点については、拙稿・第三論文八七頁以下［本書第3章第1節2］において論証している。

(72) 国際司法裁判所規程（一九四五年）三四条一項

「第三四条

一　国家のみが、裁判所に係属する事件の当事者となることができる。〔二項以下略〕」

(73) 国際連合総会決議2625（XXV）中の国の主権平等の原則において、このことが確認されている。

(74) 小嶋・前掲書（註70）五〇四頁。

(75) *Isensee*, a. a. O (Anm. 6)., Rdnr. 21.

(76) Ebenda.

(77) *Kirchhof*, a. a. O (Anm. 63)., Rdnr. 71.

(78) 小嶋・前掲書（註70）五〇五頁。

(79) 阿川尚之『憲法で読むアメリカ史 上』（ＰＨＰ研究所、二〇〇四年）五七頁。

(80) 阿川・前掲書（註79）五七頁。

(81) 連合規約は、正式には Articles of Confederation and Perpetual Union とされるものであって、アメリカ一三州（邦）の相互友好を定めた規約である。大陸会議において一七七七年一一月五日採択され、全ての州（邦）の承認を得て一七八一年三月一日発効した。

(82) この会議は、Ａ・ハミルトンとＪ・マディソンが主導したとされる、いわゆるフィラデルフィア制憲会議である。このフィラデルフィア制憲会議に際しては、連合会議によって連合規約の改正のみをアジェンダとすることを条件とされていた。それにもかかわらず、同会議は、新憲法草案を審議したのであった。したがって、この制憲手続が当時有効であった連合規約に違反するものであるか否かという、日本の八月革命説をめぐる議論構成にアナロジーな問題も、ちなみに存在している。阿川・前掲書（註79）六五‐六六頁。

(83) *Isensee*, a. a. O (Anm. 6)., Rdnr. 22. イーゼンゼーはまた、同箇所において次のような趣旨のことを述べている。すなわち、同様にして、成文（成典）憲法は国家権力を規律する内容を含むけれども、直接に市民を義務付ける内容を含むものではなく、それは、必要な市民のア・プリオリな義務——平穏義務、法服従義務、連帯義務——もまた、法治国家的民主主義原理の可能性条件として同時に考えられねばならないから、成文（成典）憲法において特段に規律される必要がないからにほかならない、と。

(84) *Kirchhof*, a. a. O (Anm. 63), Rdnr. 25.

(85) 阿川・前掲書（註79）五八頁。一七八九年には連邦政府が正式に発足し、G・ワシントンが初代大統領に選出され、上下両院議員がニューヨークで議事を開始し、翌一七九〇年には合衆国裁判所が正式に開廷したとされる。

(86) 戸波江二『やさしい憲法入門』第三版（法学書院、二〇〇六年）六頁以下。

(87) 百地章「国家論の再構築に向けて──試論──」『憲法における普遍性と固有性──憲法学会五十周年記念論文集』（成文堂、二〇一〇年）七九頁。ちなみに、同論稿は、社会契約説と国家有機体説と対比した上で（同七九-八三頁）、前者における国家を「権力機構としての国家＝政府」、後者における国家を「国民共同体としての国家」とし（同八三頁、同旨として同『憲法の常識 常識の憲法』（文芸春秋、二〇〇五年）二七頁）、「戦後、現行憲法を積極的に持ち上げようとして、意図的に『古臭い』と貶められてきた明治憲法の方が、実は思想史的に現行憲法より新しい国家論を踏まえて起草されたものであるというのは、何とも皮肉」（同八四頁）と評価している。

(88) 百地・前掲論文（註87）八〇頁・八四頁。

(89) ここで著者が「初期近代（近世）国家」としているのは、格別の価値判断を包含させるわけではないが、一六世紀後半以降の仏ブルボン王朝に代表されるような絶対主義国家、あるいは、一六四八年ヴェストファーレン条約に端的に表れる主権国家の意において用いている。これに対して、「近代国家」の語は、憲法学においては、その後に成立をみることになる近代立憲主義国家の意において、とりわけ社会国家・行政国家化が見られる現代国家との対比を意識して、用いられることもある。したがって、これらの混同を回避すべく、単なる主権国家は、「近世国家」と称すべきようにも思われるが、馴染みのある語法ではないので「初期近代（近世）国家」と表記しておいた。

(90) この点に関連して、こうした憲法ないし憲法観を定立しようとすることに批判的と思われる見解として、さしあたり、辻村みよ子「二つの憲法観──21世紀の人権・家族・ジェンダー」憲法問題二〇号（二〇〇九年）一二九頁以下、西原博史『自律と保護――憲法上の人権保障が意味するものをめぐって――』（成文堂、二〇〇九年）二二七頁参照。

(91) 百地・前掲論文（註87）七九‐八〇頁。

(92) *Kirchhof*, a. a. O (Anm. 63)., Rdnr.69. 同旨として小嶋・前掲書（註70）五〇四頁参照。

(93) *Kirchhof*, a. a. O (Anm. 63)., Rdnr.69.

(94) *Isensee*, a. a. O (Anm. 6)., Rdnr. 3.

(95) *Joseph von Eichendorff*, Politischer Brief (1832), in: ders., Werke, hg. v. Wilhelm Kosch, Bd. X, 1911, S. 345 (359). Vgl. Auch *Thomas Carlyles*, Kritik an Sieyès: Die französische Revolution (1837), Bd. I, 1927, S. 223 ff.

(96) *Isensee*, a. a. O (Anm. 6)., Rdnr. 3.

(97) *Kirchhof*, a. a. O (Anm. 63)., Rdnr. 23; *Isensee*, a. a. O (Anm. 6)., Rdnr. 43. さらに邦訳文献では、イーゼンゼー・前掲書（註15）「国民の制憲権」四五三頁。

(98) Ebenda.

(99) プラトン（藤沢令夫訳）『国家（下）』（岩波書店、二〇〇二年）一七二頁〔544D〕。

(100) 宮沢俊義「日本国憲法誕生の法理」（一九五五年）同『憲法の原理』（岩波書店、一九六七年）三七五頁以下。

第2章　〝継受の憲法理論〟と国家構造における連続性メルクマール

第1節　〝継受の憲法理論〟という視座

国家の前憲法性、そして、国家の連続性の認識は、国家機関を成文（成典）憲法の規律対象から捨象することを意味するものではもちろんない。他方で実際のところ、「憲法が打ち立てる『新たな秩序』は、これゆえに、常に、単なる部分的秩序でしかあり得ないし、かつ、かかる部分的秩序は、眼前に見出された秩序構成要素を継受することが必要となる」[101]。このことは、Verfassung/Constitution たる国家構造の連続性が、国家の連続性のメルクマールとなり得る場合があることを含んでいる。そうした意味からも、憲法に言及するときは、国家にも言及することが不可避なこととなろう。

国家の連続性のメルクマールは、すでに前章［第1章］の国家の前憲法性の論証の中でも部分的に明らかにされたが[102]、次節［第2章第2節］においては、ドイツ（連邦）参議院制度という国家構造の略史の中で、国家の連続性のメルクマールが例証されることになる。国家構造の連続性が国家の連続性のメルクマールとなり得ることは、たとえば、イーゼンゼーがＡ・トクヴィルの著作を参照しつつ次のように述べていることからも理解できよう。

「……フランス革命は、中央の立法及び行政システムについて……、手を付けなかった。かかるシステムというのは、フランス国王が一六世紀以来、構築してきたものであった。フランス革命が創造した民主的憲法は、絶対主義の遺産、すなわち近代国家の主権的な決定及び権力の統一に結び付けられていたのであった」(103)。

したがって、「制憲者であっても、すべての主権の前提に逆らって、政治的に実行可能な枠の外へ出ることできない」(104)。このことは、すなわち、成文（成典）憲法を制定するなど、新たな秩序を構築しようとする場合であっても、その制憲者は、既存あるいは旧来の秩序を――改めることができても――無視することはできないことを意味し得よう。成文（成典）憲法は、国家を前提とするものであるから、「制憲者は、国民生活を常に個別的な傾向において新たに形成し得るが、突如として全体を形成することはできない。というのも、制憲者は、国民を国民の歴史から取り除くことはできないし、生活を暫定的にであっても停止させることはできないからである。憲法を通じた、前提条件を欠いた新たな端緒、すなわち法学的ビッグバンは存在しない」(105)のである。

これゆえに、イーゼンゼーが、ヘーゲル(106)の著作を参照しつつ説くように、憲法がすでに存在する場合に、「ある新たな憲法は、公然たる継受においてであれ、暗黙の継受においてであれ、かかる憲法に先行するもの（**Vorgängerinnen**）の本質を引き継ぐのである。仮に憲法が逆の基本決定を下す場合であっても、憲法は、人間を、また憲法が眼前に見出す社会的構造をも、すり替えないのである」。また、「……地政学的所与性は、その場から動くことはない。政治的崩壊を乗り超えた意思に対抗する連続性が存在している」。さらに彼が、O・マルクヴァルト(107)の著作を引用しつつ、いうように、「歴史的に現存するものが『常にすでに』手を加えられることなしに（**ohne Zutun**）、先行条件としてそこに存在することのみによって、〔歴史的に現存するものは、〕手を加えられる機会をもつことになる。人間は、絶対的に最初から改めて開始することはできず、各々は、……すでにそこにあるものを引き合いに出さざるを得ない。すなわち、未来（**Zukunft**）は、起源（**Herkunft**）を必要とするということである」(108)。

こうした認識に従えば、「成文（成典）憲法は、単なる制御の規範であるだけではなくて、かかる制御が意義、内容、輪郭及び現実を獲得するところの、前提条件からの継受の規範でもある」。関連してＰ・キルヒホフもまた、次のように述べている。

「……明白なことは、国家の被構成性という基本原理（Grundprinzipien staatlicher Verfasstheit）〔＝国家が構成 verfassen されなければならないという考え方〕が憲法文書の没落〔という状況の中〕を乗り越えて、後に続く成文（成典）憲法を引き続いて有効なものとせしめてきたということである。制憲者によって眼前に見出された国家性は、構成されるという委託を含んでいる。憲法文書の失効は、未構成の国家――法的欠損、すなわち Verfassung に基づく求め――を後に残すのである」(109)。

これは、換言すれば、制憲時に、「制憲者によって眼前に見出された国家性」は、それが未だ構成（verfassen）されておらず、法的正統性を帯びないために、新たな成文（成典）憲法によって法的に構成（verfassen）されることで、その法的正統性を獲得する必要があるということであろう。このことは、要するに、成文（成典）憲法の失効は、国家性を未構成なものとはさせるが、国家性を不存在にさせるものではないことを意味していることになる。

基本法が、たとえば、国家機関の名称及び権限・婚姻・国籍その他の法制度あるいは国家構造についてドイツ憲法伝統を多数示していることは、イーゼンゼーによれば、成文（成典）憲法が継受の規範たる証左であるとされる(110)。

前章〔第1章〕で述べた前憲法的なるものとしての国家は、時系列的前置性を有するものとして示されたが、国家の連続性のメルクマールとなる法制度を含む国家構造たるVerfassung/Constitutionは、この継受の憲法理論において、時系列的のみならず規範体系的にも成文（成典）憲法に前置したものとして再び表出することとなる。しかもまた、こうした「継受の憲法理論は、憲法〔の国家像〕に符合する国家像への展望を解放し得る。そうした国家像によって、憲法の配分規定(Verteilungsregeln)及び保障、すなわち権限、手続、基本権は、意義のある(sinnhaft)総体に組み込まれることになる」(111)とされるように、具体的・個別的国家像の探求に不可欠の視座となり得るものと考えられる。

さらに、そうした前憲法的なるものから継受されてきた国家構造（State）には、かかる国家・国民共同体（Nation）の特徴を示すものもある。このことを確認することの意義——すなわち、ある成文（成典）憲法において国家構造の継受が認められるということの意義——は、やはり、かかる国家（State）が従前の国家（State）と同一の国家・国民共同体（Nation）によって組織されていることを示す一つのメルクマール——すなわち、国家の連続性・同一性の指標——となり得ることに存する。

第2節　国家構造における連続性メルクマールの例証Ⅰ――ドイツ（連邦）参議院制度

1　ドイツ国家の連続性

イーゼンゼーは、すでにみたように、ドイツ国家の連続性をドイツ帝国――いわゆる第二帝国――（一八七一年）ないし北ドイツ連邦（一八六七年）の成立に求めている。かつまた、彼は、国家機関の名称及び権限その他をドイツ憲法伝統と捉え(112)、連続性意識を導くものとして現行基本法上の連邦議会（Bundestag）及び連邦参議院（Bundesrat）の名称を挙げている(113)。さらには、キルヒホフもまた、「……ドイツの歴史は、一九一九年及び一九四九年の憲法制定に際して、同様に一九九〇年の再統一に際して、国家が様々な憲法において存続し得るということを教えている」(114)としている。

けれども、著者のみる限り、イーゼンゼー自身は、ドイツ憲法伝統が表れているとされているところの具体的な法制度あるいは国家構造について、詳細な検討を加えていないようである。そこで、本節［第2章第2節］では、第二帝国を規律したビスマルク憲法(115)、そしてヴァイマール憲法を経て、現行基本法に至るまでの各憲法における連邦参議院（Bundesrat）――もっともヴァイマール憲法下ではライヒ参議院（Reichsrat）――の制度的側面を試験的・例示的に素描しておくこととする(116)。

2 ビスマルク憲法の場合

ビスマルク憲法は、その六条以下において連邦参議院について規定している。この連邦参議院は、「……アメリカ合衆国の元老院（Senate）や他の連邦諸国の上院とも、いちじるしく異なるものであって、議会を構成する一院とはみなしえない性格」(117)をもつ「独特の機関」であるとされる。連邦参議院は、定められた連邦構成各国の票決数（六条一項）と同数の代表者を連邦構成各国が任命し（六条二項）、かかる代表者によって構成される（六条一項）。この代表者は、派遣国政府の訓令を受け、票決はかかる訓令に基づいて行われる(118)。この連邦参議院における票決数は、面積や人口に比例するものではない。また、この票決数の配分は、「……プロイセン、南部の三国及びその他の諸小国という仕方で三つに分けて、そのいずれも、それだけで、憲法の改正を妨げることができるように仕組まれた」(119)ものであったとされる。

同憲法五条は、「ライヒ立法は、連邦参議院及びライヒ議会がこれを行う」とし、ライヒ議会の提出前議案・通過後決議には、連邦参議院の議決を要すると定めている。さらに、連邦参議院は、皇帝の行う宣戦（一一条二項）・条約締結（同三項[120]）に同意を与える権能を有している。このほか、構成国に対する連邦の強制執行議決権（一九条）、皇帝の同意を得て行うライヒ議会解散権（二四条）などが与えられている。さらには、諸々の司法権・裁判権も与えられていた（七六条・七七条）。

このように、ビスマルク憲法下における連邦参議院は、広範・強大な権能を有していたために、「ドイツ・ライヒの主権の保持者」[121]と評されることがある。こうした表現は、まさに、連邦参議院がビスマルク憲法の統治体制において中枢機関であったことを示すものにほかならない。

3　ヴァイマール憲法の場合

ヴァイマール憲法は、その六〇条以下においてライヒ参議院について規定している。ライヒ参議院は、「ライヒの立法及び行政に際してドイツの各ラントを代表するため」の機関である（六〇条）。したがって、「それはライヒの議会の一院を構成するものではなくて、議会から独立した機関である」。そして、ライヒ参議院におけるラント代表者は、ラント政府の構成員であって（六三条一項）、ラントは定められた票決数に等しい代表者をライヒ参議院に派遣することとなる（六三条二項）。かかる代表者の員数＝各ラントの票決数は、人口割合に従って定められており（六一条一項）、それは、全国的な人口調査毎に新たに確定されると定められている（六一条三項）。だが、同時にいかなるラントもまた全票決数の五分の二以上を有することができないとも定められており（六一条一項）、これはプロイセン勢力に注意を払った規定と理解することができる。また、かかる全権委員（Bevollmächtige）たる代表者は、「……本国政府の訓令に拘束せられるものとみなされている」(122)。

さらに同憲法は、かかるライヒ参議院の立法権について、ライヒ政府提出法案にはライヒの同意が必要と定めており、ライヒ政府とライヒ参議院とが一致しない場合には、ライヒ政府はライヒ参議院の見解と共に、自身の法案を提出しなければならないとしている（六九条一項）。また反対に、ライヒ政府の同意しない法律案をライヒ参議院が議決した場合には、ライヒ政府はその意見を添えて、かかるライヒ参議院法律案をライヒ議会に提出しなければならない（六九条二項）。さらに、ライヒ議会の議決した法律に異議を申し立てることができる（七四条一項）。なお、憲法改正（七六条）もまた、法律制定の方法によって行われるが、その成立に必要な議決数要件は加重されていて、三分の二以上とされている。このほか、予算について、ライヒ議会が、増額または新規の支出費目を設ける場合には、ライヒ参議院の同意が必要となる（八五条）。なお、法律執行のための行政規則（七七条）、鉄道に関する命令（九一条）、諸邦委員会からライヒ政府に移行した命令発布権限に基づく命令（一七九条二項）を、ライヒ政府が発布する際には、ライヒ参議院の同意を得なければならず、これは絶対的要件となる。

また、行政権については、鉄道に関する顧問会（九三条）・水路に関する顧問会（九八条）の設置への同意権、ライヒ各省から国務処理の報告を受け、重要案件についてライヒ参議院の委員会で議決すること（六七条）、決算審査権（八六条）などが認められている。

ビスマルク憲法には、連邦参議院に帰属する司法・裁判権についても規定が存在したが、ヴァイマール憲法には、これに相当するライヒ参議院に帰属する権能のついての規定は存在しない。

4　現行基本法の場合

現行基本法は、その五〇条以下において連邦参議院について規定している。連邦参議院は、ラントが連邦参議院を通じて、「連邦の立法及び行政並びに欧州連合の事務に協力」するための機関である。それは、ラント政府が任免するラント政府構成員によって構成され（五一条一項）、ラント政府は定められた各ラントの票決権と同数の構成員を連邦参議院に派遣する（五一条三項）。かかる各ラント票決数は、人口割合によって定められているが、その票決数は最大六票に限定されており（五一条二項）[123]、特定のラントが優位な立場になることのないよう配慮されている[124]。「連邦参議院の議員……は州民によって選ばれるのでもなければ州議会によって選ばれるのでもなく、州政府の閣僚が派遣されたものであり、州政府の指示に拘束される……」[125]。そして現行基本法においてもまた、「……連邦参議院が一般的な意味での議会ないし議院に該当するか否かにも疑問の余地がある」[126]とされている。

さらに現行基本法は、連邦参議院の諸権能について定めている。「連邦参議院の権限はヴァイマール憲法のもとにおけるよりも概して大きい」[127]。連邦議会への法案提出権（七六条）、連邦議会の議決した法案に対する異議権（七七条三項）が定められているほか、一定の法案については連邦参議院の同意が不可欠である（七七条二 a 項）。また、「連邦の政治的関係を規律し、又は、連邦の立法の対象にかかわる条約」については、連邦参議院の協力が必要となる（五九条二項）。また、大統領訴追権や連邦憲法裁判所裁判官の選任権も、連邦参議院に与えられている（九四条一項）。さらには、間接行政ないし委託行政の場合の一般的行政規則を連邦政府が制定するに際しては、連邦参議院の同意を要する（八四条二項・八五条二項）。

行政分野においても、「連邦参議院は、その事務処理について、常時、連邦政府から報告を受ける」とされている（五三条）。

5　ドイツ（連邦）参議院の特殊性

以上に示したような参議院制度史の描写からは、以下のような事柄を看取することができよう。

第一点として、司法・裁判権領域については、ビスマルク憲法からヴァイマール憲法に移行する段階で、すでに連邦参議院の権能から除外されている。また、連邦参議院権能の全体問題として、ビスマルク憲法からヴァイマール憲法にかけては、すでに見たように、「ドイツ・ライヒの主権の保持者」と評されるものから、「立法についても、行政についても、さまで強力なものではない」(128)とされるものへ変遷を遂げている。これに対して、ヴァイマール憲法から現行基本法にかけては、一般的な立法権については拡大が見られ、また、大統領訴追権や連邦憲法裁判所裁判官の選任権に至っては、ヴァイマール憲法には規定のない新設された権能も存在する(129)。もっとも、その権能は、連邦議会の権能に比すれば、「弱い」ものともされている(130)。

第二点として、ビスマルク憲法においてはプロイセン優位主義が採られていたものの、ヴァイマール憲法においてはこれが是正され、かつ、現行基本法下でもまた連邦参議院において特定のラントが優越的地位を占めることのないように配慮されている。

第三点として、すでに見たように――これはドイツ連邦参議院の特徴といえるのだが――、いずれの憲法においても一貫して、議会の一院を形成するもの、すなわち純然たる第二院的性格のものではなくて、それ自体一定の独立性が認められたものであるということである(131)。しかもまた、連邦参議院議員は、連邦におけるラント代表機関として、ラント政府によって任ぜられるラント政府構成員であって、その票決で表明する意思はラント政府に拘束されているのである(132)。

要するに、連邦参議院によって掌握される権能については、確かに前記三憲法の中では広狭が認められるし（前記第一点）、また、特定のラントの処遇については、ビスマルク憲法とそれ以降とで明確な変化がみられる（前記第二点）。けれども、殊に前記第三点にあっては、連邦参議院の性格の特殊性が現れており、かかる性格は現行基本法規定においても受け継がれている。この第三点目の特殊性は、ビスマルク憲法に先んじるフランクフルト憲法＝パウル教会憲法――もっとも、それは開花することなく流産に終わっている――における連邦院（Staatenhaus）の構造(133)と対比することによってもまた浮き彫りになろう。すなわち、ビスマルク憲法によって打ち立てられた連邦参議院制度は、ヴァイマール憲法のライヒ参議院によって(134)、そしてライヒ参議院は、現行基本法の連邦参議院によって(135)継受されているということである。したがって、イーゼンゼーが北ドイツ連邦ないしドイツ帝国の成立にドイツ国家性の淵源を求め――なお、ビスマルク憲法では支邦が強化されていたためにライヒの国家性が疑問視されることもあるが一般にこれは認められている(136)――、また、そこにドイツ国家の遡及可能な限りでの端緒的前提条件が存在し、現行基本法がこれを継受していることは、少なくとも連邦参議院制度の略史によっては例証されるものといえよう(137)。

第3節　補論：国家構造における連続性メルクマールの例証Ⅱ
――スペインにおける伝統的国家機関としての国会と国王の関係性

1　概観

歴史的に存在する複数の成文（成典）憲法にわたる国家（構造）の連続性の例証として、前節［第2章第2節］においては、ドイツ（連邦）参議院制度の略史をみた。本節［第2章第3節］では、著者の立論を補完すべく、スペインのいくつかの憲法を参照しつつ、同国における国王及び国会の位置付けについて、紹介しておきたい(138)。

スペインでは、一八〇八年憲法以来、現行憲法に至るまで、――フランコ時代の基本法は七法典によって構成されるが、仮に、これを総じて一と数えた場合――総計一〇の憲法典あるいはそれに相当する法典が公布・施行されてきたといわれる(139)。それらは、①一八〇八年憲法＝バイヨンヌ憲法、②一八一二年憲法＝カディス憲法、③一八三四年王国憲章、④一八三七年憲法、⑤一八四五年憲法、⑥一八六九年憲法、⑦一八七六年憲法、⑧一九三一年憲法、⑨フランコ時代の基本法、⑩一九七八年現行憲法である。

このうち、一八〇八年憲法＝バイヨンヌ憲法は、スペイン初の成文憲法典であるが、これは、「実質的に適用されず、その後の諸憲法にもほとんど影響を与えなかった」スペイン立憲史における「いわば〝反面教師〟」的側面をもつものとして位置づけられている(140)。したがって、国家構造の連続性の例証を行うに際しては、バイヨンヌ憲法の次なる憲法以降を対象とすることが適切であろうかと考えられる。バイヨンヌ憲法の次なる憲法は、一八一二年憲法＝カディス憲法となる。そこで、カディス憲法以降の国王及び国会の位置づけについて以下に概観しておきたい。

2　一八一二年憲法=カディス憲法の場合

まず、カディス憲法第三章一五条は、「法律を制定する権能は、国会及び国王に存する」として、国会及び国王による立法権の共有が規定されている。これは、「スペインの旧来の伝統的・保守的な諸価値」(141)であるともいわれる。この共有されている立法権は、「国会の権能について」と題する第三編第七章において「法律を提案し、布告し、解釈し、必要な場合には、廃止すること」(一三一条一号)と規定され、また、「国王の不可侵性及びその権限について」と題する第四編第一章において「所定の形式で審議させるため、国民の福祉に資すると考える法律及び改正を国会に提案すること」(一七一条一四号)と規定されることで、立法発議権として具体化されている。さらに、第三編第八章においては、国会によって可決された法律に対する裁可権(及び裁可の拒否権)を国王が有すると規定される一方で、年をまたいで国会によって同一法律案が可決された場合は、当該法律案について国王は裁可を与えなければならないと規定されるなどとして、立法に関する国王の裁可と国会の議決との実質的な関係性が規定されている(一四二-一五一条)。このほか、法律の公布権は、第三編第九章において国王に帰属するものと規定されている。

3　一八三四年王国憲章の場合

カディス憲法に引き続くスペイン憲法は、一八三四年王国憲章である。同憲章は、「国会と国王による主権共有《ソベラニーア・コンパルティーダ》の伝統に根ざした統治機構を定め」(ルビ――原文)ているといわれる。しかしながら、第五編「一般規定」において、「国会は、王令によって国会に付託されていない案件については、これを審議することができない」(三一条)と規定され、国会は独自の立法発議権をもたないなど、「国王と国会の関係は、国王の圧倒的優位によって特徴づけられる」(142)ものであったとされる。

4　一八三七年憲法の場合

一八三四年憲法に引き続く――カディス憲法の復活を間に挟むことになるが(143)――スペイン憲法は、一八三七年憲法である。ここでも、「国会について」と題する第二編において、「立法権は、国会及び国王に存する」(一二条)とされ、国会と国王による立法権の共有が規定されている。また、王国憲章におけるものとは異なり、「国会の開催及び権能について」と題する第五編において、「国王及び各議院は、法律案の発議権を有する」（三六条）と規定され、国会は独自の立法発議権を再び獲得し、他方、国王にも、「国会に互角に対峙できる」[144]と評されるほどの権能が付与されるに至った。このほか、国王の権能について個別的にみてみると、法律の裁可権・公布権は国王に帰属し（第六編四六条）、また、法律案に対する国王の裁可拒否は、同一立法期における同一内容の法律案の提出を阻む効果をもっている（第五編三九条）。この国王の裁可拒否の効果については、ほぼ同様の規定がカディス憲法においても存在していた（カディス憲法第三編第八章一四八条）。

5　一八四五年憲法の場合

一八三七年憲法に引き続くスペイン憲法は、一八四五年憲法である。この憲法は従前の一八三七年憲法を踏襲したものが多く[145]、立法権についても第二編一二条において、「立法権は、国会及び国王に存する」とされ、旧一八三七年憲法と同様の規定がおかれることになった。また、この憲法の一般的性格として、「主権は、スペインの長い伝統の中で形成され発展してきた二つの伝統的な国家機関、すなわち国王と国会に共属する」[146]ものと説明される。さらに、立法権の具体的内容として、これら両機関は、第五編三六条において「国王及び各議院は、法律案の発議権を有する」と規定されるように、立法発議権を有している。このほか、法律の裁可権・公布権は、第六編四六条において国王が有するものとされている。

6　一八六九年憲法の場合

一八四五年憲法に引き続く憲法は、一八六九年憲法である。国王と国会の関係に関して、この憲法において特筆すべきことは、「スペイン憲法史上初めて、立法権が国会の専権とされた」(147)ことであろう。そのことは、「公権力について」と題する同憲法第二編中の三四条において、「立法権は、国会に存する。〔原文改行〕国王は、法律を裁可及び公布する」とされるところに示されている。このうち、国王の裁可権については、「……停止的又は絶対的拒否権としての不裁可権は否定されていると推定される」(148)と解されている。他方で、立法発議権については、第三編第一節五四条において、「法律案の発議権は、国王及び各議院に属する」と規定され、国王も相変わらず立法発議権を有する機関として位置付けられている。

７　一八七六年憲法の場合

一八六九年憲法の後、スペインでは一八七三年に最初の共和制（＝第一共和制）が樹立されたが、これが軍事クーデターによって倒され、王政復古がなされて、一八七六年憲法が制定された。同憲法第二編一八条においては、「立法権は、国会及び国王に存する」とされ、あるいは、第五編四五条の文脈においても、「国会は、国王と共同で行使する立法権……」と規定され、再び国会及び国王による立法権の共有のシステムが採られるに至った。また、第五編四一条においては、「国王及び各議院は、法律案の提出権を有する」とされ、立法発議権も両機関に属するものとされた。さらに、国王の裁可権は、一八六九年憲法において不裁可権が否定されているものと解されていたのに対し、一八七六年憲法においては、国王の公布・裁可権が規定され（第六編五一条）、「両院の一つが法律案を否決し、又は国王が裁可を拒否したときは、同一立法期において、同一内容の法律案を再び提出することができない」（第五編四四条）などと規定され、「……国王の不裁可権は絶対的な拒否権と解される」(149)に至っている。このような内容を含む一八七六年憲法は、「歴史的に形成された伝統的な国家機関すなわち国王と国会を重視する憲法観」(150)に基づいたものといわれる。

8　一九三一年憲法の場合

一八七六年憲法に引き続くスペイン憲法は、一九三一年憲法である。この憲法は、一九二三年から一九三〇年に至るプリモ・デ・リベーラ将軍による独裁体制を経て、共和主義・社会主義勢力の主導の下に制定された第二共和制憲法である(151)。同憲法においては、スペインの伝統的国家機関としての国会及び国王を重視する立場は、採られていないと評価してよいかもしれない。そのことは次のような規定を参照することによって明らかになろう。まず、「第4編　国会」の五一条において、「立法権は人民に存し、人民はこれを代議院たる国会を通じて行使する」と規定され、立法権の所在は「人民」と位置付けられた。そして、国王に関する規定は見当たらず、その代わりに、「第5編　共和国大統領」の六七条において、「共和国大統領は、国家元首であり、国を体現する」と定められるに至った。とはいっても、この憲法は、「スペイン憲法史上唯一の共和制憲法として特異」であると特徴づけられ、しかも、「イデオロギー色があまりにも鮮明であったために、実際的な統治能力を備えた憲法モデルとなることはできなかった」(152)ものと評価されている。

9　フランコ時代の基本法の場合

一九三一年憲法に引き続くスペイン憲法は、一九三八-一九六七年にかけて相次いで制定されたフランコ（七）基本法である。この時代には、「基本法」(ley fundamental) と呼ばれる七つの法律が実質的意味の憲法を構成しており、単一の憲法典は編成されなかった。この体制は、フランシスコ・フランコ将軍による〝立憲的独裁〟であり、スペイン憲法史においては、「バイヨンヌ憲法と同じく、民主化過程にとって克服すべき〝反面教師〟としての役割」を果たしたものとして評価されている(153)。

10　一九七八年現行憲法の場合

フランコ時代の基本法に引き続くスペイン憲法は、一九七八年憲法＝現行憲法である。同憲法における立法権をめぐる国王と国会の関係についてみていきたい。第三編第一章において、「国会は、国の立法権を行使〔する〕……」(六六条二項) として、立法権は国会に帰属するものと規定されている。また、第三編第二章においては、「立法の発議権は、憲法および議院規則に従って、政府、下院および上院が、これを有する」(八七条一項)として、法案発議権は、政府及び国会上下両院に授権されている。他方、国王の立法手続に対する参与のあり方をみてみると、第二編第六二条中に「国王の権能」として、「法律を裁可して公布する」(a項)と規定され、法律裁可権及び公布権が授権されているのみである。

11　スペイン国家の連続性メルクマール

スペイン憲法史上における以上の一〇の憲法典あるいはそれに相当する法典中の国王及び国会の関係について、簡略的にまとめてみたい。ナポレオンによる〝押しつけ憲法〟といわれ、スペイン憲法史上の〝反面教師〟的性格を有する①一八〇八年憲法=バイヨンヌ憲法は、実質的には運用されず終いとなった。他方、その後の②一八一二年憲法=カディス憲法から、③一八三四年王国憲章、④一八三七年憲法を経て、⑤一八四五年憲法に至るまでは、一貫して国王及び国会による立法権共有あるいは主権共有が規定されている(ただし、〝主権共有〟というキーワードによって国王と国会との関係が規定されている③一八三四年王国憲章においては、すでにみたように、実際には国会に比して国王の機能は、圧倒的に優位であった。)。さらに後の憲法においては、⑥一八六九年憲法において立法権は初めて国会の専権となるが、次ぐ⑦一八七六年憲法において再び国王及び国会による立法権共有のシステムに移行することになる。しかしながら、以後、⑧一九三一年憲法及び⑨フランコ時代の基本法においては、国王及び国会による立法権共有のシステムは採られず、また、現行憲法においても復活に至らなかった。

そこで、国王と国会との関係について、立法権共有あるいは主権共有のシステムが採られなかった①バイヨンヌ憲法、⑥一八六九年憲法、⑧一九三一年憲法、⑨フランコ時代の基本法、及び、⑩一九七八年現行憲法について再度振り返ってみたい。第一に、⑥一八六九年憲法において立法権は国会の専権とされたものの、立法発議権については国王に対しても授権されており、その限りでは、立法過程への国王の参与が認められていたといえる。第二に、⑧一九三一年憲法は、共和国大統領を元首とする共和制憲法であり、そもそも国王という国家機関を前提とした規定ぶりになっていない。しかも、この第二共和制憲法は、「実際的な統治能力を備えた憲法モデルとなることはできなかった」。第三に、①バイヨンヌ憲法及び⑨フランコ時代の基本法にいたっては、スペイン憲政史上、〝反面教師〟として評価されていることは、すでに確認したところであった。

さらに、⑩一九七八年現行憲法については、国王及び国会の立法権共有の規定はみられないものの、その第一条三項において、「スペイン国の政体は、これを議会君主制とする」として、わざわざ

「議会君主制」という語を用いている。この規定、並びに、国王の位置づけにかかる同憲法五六条一項、及び、王位継承にかかる同憲法五七条一項ついて、池田実は、「……背後にスペイン『国体』の連続性さらには普遍性が透けて見えるような感覚を抑えることができない」と評している。加えて、本節においても概観したような一九世紀スペイン諸憲法は、「少なくとも君民共治の平和的な共存基盤を構築しようとする真摯な試み」であったとし、「その基礎をなすスペイン『国体』は、……いつか必ず祖国に戻ってくる運命にあった」としている(154)。この上で、彼は、さきに指摘した条文において、「〔スペイン〕現行憲法が国民主権を謳いながら、**King in Parliament** の主権を前提とするイギリス的『議会君主制』概念にわざわざ言及〔している〕」ことなどに着目し、「……こうした特色は、国民主権原理のみによっては十分に説明がつかない部分を残して〔おり〕……」、したがって、現行スペイン憲法は、「……その実質においては『国王と共にある国民の主権』による統治、すなわち君民共治が行われていると考えるのが、ごく自然であるように思われる……」と――いささか遠慮がちにではあるが――結論づけている(155)。

以上本項［第2章第3節11］に示した、①一八〇八年憲法＝バイヨンヌ憲法、⑥一八六九年憲法、⑧一九三一年憲法、⑨フランコ時代の基本法、及び、⑩一九七八年現行憲法についての理解を採ることができるのであれば、現行スペイン憲法において、国王及び国会による立法権共有ないし主権共有のシステムを形式上採用しなかったことが、必ずしも、次のような評価を妨げるものではなかろう。すなわち、スペインの憲法システムにおいて、国王及び国会が〝伝統的国家機関〟として位置付けられていること、そして、その相互におけるある種の関係性は、スペイン国家の連続性のメルクマールとなり得るということである。

第4節　小　括

国家は憲法に前置しているのみならず、そうした前憲法的国家は目下の成文（成典）憲法によって継受され、かつ、他方で、成文（成典）憲法は先行する国家の基本構造を無視し得ない。それゆえ、法学的ビッグバンは存在し得ず、国家は、歴史的に存在する複数の成文（成典）憲法の体制にわたる連続性を保持し得るのであって、憲法の死は国家の死を意味し得ないのである。そうした国家の連続性は、ドイツ国家にあっては、さしあたって第二帝国――ないしその直接的原型たる北ドイツ連邦――以来のものとすることができる。このことは、少なくともビスマルク憲法、ヴァイマール憲法及び現行基本法におけるドイツ（連邦）参議院制度の略史においては、例証されるものといえよう。さらに、補論として扱ったスペイン国家の連続性メルクマールについては、国王及び国会の関係性にみることができた。

成文（成典）憲法に対する国家の前置性と、複数の成文（成典）憲法にわたる連続性という観念及びその認識は、単に憲法の規律対象としての国家という構成へのアンチテーゼないしオルタナティヴとして、国家の概念的・理論的な構成の余地を提示するのみにその意義を留まらせしめるものではない。このような観念とその認識は、現実の具体的・個別的国家考察への視座を与えている。ドイツ連邦共和国基本法は、「……ドイツ国民によって決定されたドイツ連邦共和国の憲法として描かれ」、同基本法の前文、一一六条及び一四六条において表されているとされるように、その「全体的な考え方は、ドイツ法とドイツ文化の伝統において存在する中央ヨーロッパの国家を構成することに方向付けられている」(156)。したがって、特定の具体的・個別的憲法は、特定の具体的・個別的国家のために与えられており、「憲法の対象は、抽象的モデルとしての国家ではなくて、特定の国民の特定の国家」(157)なのである。

ところで、国家目的論の地平においては――本章［第2章］は国家目的論というパラダイムを扱うものではないが――、イエリネク流の普遍的国家目的についての探求は(158)、今日、その意義が疑わしく、立憲的であるという特定の性質を備えた国家について特称命題として国家目的を考察すべきとする旨の見解が存在している(159)。近代立憲主義国家一般としての国家が語られる必要性を有するならば、各々の具体的・個別的国家についての視座は、なおのこと求められるべきといってよい。こうしたことが承認されるならば、具体的・個別的国家の国家性を考慮外に追いやる思惟とその帰結は、次のような評価を受け止める必要があろう。

「単に成文規範に依拠し、かつ、不文の前提条件を無視するところの憲法解釈は、そして、憲法テクストを理解するが、他方でかかる前提条件が記述されている国家性の文脈をも読まない憲法解釈は、『残念ながら、精神性についての巻（das geistige Band）だけが欠けている』という部分がある」(160)。

いずれにせよ、次章［第3章］においては、具体的・個別的国家のそうした〞das geistige〟なるものが、いかなるメカニズムにおいて表出し得るか、あるいは、看取し得るかについて、国家の法人性の局面に再び焦点を当てながら、考察していくことになる(161)。

註

(101) *Isensee*, a. a. O (Anm. 6)., Rdnr. 43.

(102) たとえば、目下の成文（成典）憲法を超える国家法人としての連続性が、国家の前憲法性の論証に数えられた［本書第1章2節］。また、フランスについては革命後の統治機構の部分的継承という国家構造の連続性、そして、米国については国号の連続性と、合衆国憲法が連合規約の改正であるという憲法の形式的局面における連続性についても、すでに触れられた［本書第1章2節1］。

（103）*Isensee*, a. a. O (Anm. 6)., Rdnr. 43. 同旨として小嶋・前掲書（註70）五〇四頁。

（104）*Isensee*, a. a. O (Anm. 6)., Rdnr. 43.

（105）*Isensee*, a. a. O (Anm. 6)., Rdnr. 43.

（106）G. W. F. *Hegel*, Grundlinien der Philosophie des Rechts (1821), hg. v. Johannes Hoffmeister, 1975, § 273, S. 239.

（107）*Odo Marquardt*, Ende des Schicksals? (1976), in: ders, Absied vom Prinzipiellen, 1981, S. 76 ff. Titelessay, ebd., S. 16 ff.; *ders.*, Zukunft braucht Herkunft, in: ders., Philosophie des Stattdessen, 2000, S. 66 ff.

（108）*Isensee*, a. a. O (Anm. 6)., Rdnr. 44.

（109）*Kirchhof*, a. a. O (Anm. 63)., Rdnr. 70.

（110）*Isensee*, a. a. O (Anm. 6)., Rdnr. 45.

（111）Ebenda.

（112）Ebenda.

（113）*Isensee*, a. a. O (Anm. 6)., Rdnr. 136.

（114）*Kirchhof*, a. a. O (Anm. 63)., Rdnr. 25.

（115）その原型として北ドイツ連邦憲法が存在していることはいうまでもないが、北ドイツ連邦憲法は、ビスマルク憲法によって引き継がれている。

（116）本節［第2章第2節］の記述は——個別に註を付すものを除き——、現行基本法に関する部分以外は全体として、主に清宮四郎「ドイツ憲法の発展と特質」（一九五三年）『国家作用の理論』（有斐閣、一九六八年）を参考に展開しているほか、現行ドイツ二院制ないし連邦参議院制度について、加藤一彦「ドイツ基本法における連邦参議院の地位と権能——二院制の例外形態としての連邦参議院——」山内敏弘先生古稀記念論文集（浦田一郎ほか編）『立憲平和主義と憲法理論』（法律文化社、二〇一〇年）、上代庸平「ドイツ議会制度の特色と現代的課題――ドイツ型二院制と会派議会」別冊RESEARCH BUREAU論究No. 10主要各国議会の現状（二〇〇八年九月）を、フランクフルト憲法以降から現行基本法下のドイツ二院制について、今井威『議院内閣制』（ブレーン出版、一九九一年）の該当箇所を、それぞれ参照している。さらに、諸憲法の条文については、主として初宿正典・高田敏編訳『ドイツ憲法集』第五版（信山社、二〇〇七年）を参照している。

なお、ナチス時代については、体系的憲法典が発布されていないし、そもそも、ライヒ参議院が一九三四年の時点で廃止されたので、この間については、――少なくとも今回は――検討を差し控える（この点については、さしあたり、初宿正典「ドイツ憲法における参議院の地位――二院制に関する若干の覚書き――」法学論叢一三六巻四・五・六号（一九九五年）一四六‐一四七頁）。さらに北ドイツ連邦成立に先んじるウィーン体制（メッテルニヒ体制）の下のドイツ連邦以前についてもまた、当座は本章［本書第2章］において検討外としている。

ところで、ビスマルク憲法下と異なり、〝連邦参議院〟ではなくて、ヴァイマール憲法下において、〝ライヒ参議院〟という名称になったのは、フランクフルト憲法下の諸邦院（Staatenhaus）を模範とする二院制導入論を主張していたH・プロイスの「ささやかな勝利」とされる。初宿・前掲論文（註116）一四四‐一四五頁。

(117) 清宮・前掲論文（註116）三三二頁。

(118) 清宮・前掲論文（註116）三三二頁。

(119) 清宮・前掲論文（註116）三三三頁。

(120) ビスマルク憲法一一条三項は、「外国との条約が、第四条により帝国立法の領域に属する事項に関わる場合」との条件を付している。なお、第四条は次の通りである。

「第四条　以下の事項は、帝国の監督下に置かれ、帝国の立法に服する。

一　移転の自由、本国と居住地の関係、公民権、旅券制度と外事警察及び保険制度を含む営業活動に関する規定。ただし、これらの事項がすでにこの憲法第三条によって処理されている場合はこの限りではなく、——もっともバイエルンにおいては、本国と居住地の関係は除外する——植民と外国への移民に関する事項も同様である。

二　関税立法と通商立法、及び帝国の目的のために使用される租税

三　度量衡及び貨幣制度の規制と兌換紙幣と非兌換紙幣の発行に関する原則の確立

四　銀行制度に関する一般規定

五　発明特許

六　著作権の保護

七　外国におけるドイツ人の通商、公海におけるドイツ人の航海及びその船旗に対する共同保護組織、並びに帝国が設置する共同の代表領事の規定

八　鉄道の制度——ただし、バイエルン州は第四六条の規定を留保する——並びに国防及び一般交通のための陸路及び水路の建設

九　複数の邦に共通する水路での筏流し業・海運業とその水路の状態、及び河川その他の水路通貨税

一〇　郵便・電信制度、ただし、バイエルン及びヴェルテンベルクにおいては、第五二条の定めるところに従う

一一　民事事件における判決の相互執行と司法共助一般の処理に関する規定

一二　公文書の認証に関する規定

一三　債権法、刑法、商法と手形法及び裁判手続に関する共通の立法

一四　帝国陸軍と海軍

一五　医学と獣医学に関する警察規制

一六　出版と結社の制度に関する規定」。

（121）　*Richard Thoma*, Staatsrecht des Reiches, in: Gerhard Anschütz/Richard Thoma (Hg.), Handbuch des deutschen Staatsrechts, Bd. I, Tübingen, Mohr, 1930, S. 72.

(122) 清宮・前掲論文（註116）三五八頁。
(123) 当初の規定では最大五票であったが、後に現行の六票に改正されている。
(124) 山田晟『ドイツ連邦共和国法の入門と基礎――西ドイツの憲法および民法』（有信堂光文社、一九八七年）五〇頁。
(125) ハンス・ペーター・マルチュケ（村上淳一・守矢健一訳）『ドイツ法入門』改訂第六版（有斐閣、二〇〇五年）四二頁。
(126) 宮地基「ドイツ連邦憲法裁判所による議事手続に対する違憲審査」明治学院論叢七〇五号（法学研究七六号）（二〇〇三年一二月）一五九頁。同旨として、小林幸夫「ドイツ連邦参議院制度論序説――連邦制のドイツ的特異究明の視点から――」日本法政学会五十周年記念論文集編集委員会編『現代政治学の課題日本法政学会五十周年記念』（成文堂、二〇〇六年）三六‐三七頁。また、初宿・前掲論文（註116）一六〇頁に至っては、現行基本法下の連邦参議院について第二院と性格付けることはできないとした上で、「…そもそも〝**Bundesrat**〟の語に『連邦参議院』という訳語を当てること自体がややミスリーディング」と評している。さらに、ドイツ連邦憲法裁判所もまた、現行基本法下のドイツが二院制を採用していることを否定している（**BVerfGE 37, 363 (380ff.)**）。
　これに対して、現行基本法下のドイツもまた〝二院制〟を採用していると述べるものとして、服部高宏「ドイツにおける「二院制」――連邦制改革をふまえて――」比較憲法学研究一八・一九合併号（二〇〇七年）五五頁以下がある。
(127) 山田晟『ドイツ近代憲法史』（東京大学出版会、一九六三年）一七〇頁。
(128) 清宮・前掲論文（註116）三五八頁。
(129) 山田・前掲書（註127）一七〇‐一七一頁。
(130) 小林孝輔『ドイツ憲法史』（学陽書房、一九八〇年）一七九‐一八〇頁。
(131) 初宿・前掲論文（註116）一四一頁もまた、三憲法におけるいずれの参議院も第二院的性格のものではないとしている。

（132）なお、矢部貞治『政治学』新版（勁草書房、一九九一年）一八四頁以下の理解を援用すれば、ドイツの参議院のごときは、〃代議制〃に当たらないこととなる。もっとも、現行基本法下の制度にあっては、「……ラントの首相以外のラント政府員が議員となる場合、いちいちラント政府の訓令を待たなければならなかった昔の参議院時代のそれより、かなり自由に決定に参加できるようになってきているという」との説明もなされている。今井・前掲書（註116）二二三頁。

（133）フランクフルト憲法下の連邦院議員は、半数が支邦政府によって、残り半数が支邦議会によって任命されるものであるし（八九条）、また、「ラントを代表し、ラントの指示によって行動するものではなく、全国民を代表するものとして、その自由な信念に基づいて行動する」ものとされることからしても、ビスマルク憲法以降の連邦参議院制度とは大いに異なるものといえる。清宮・前掲論文（註116）三一二-三一三頁。*Conrad Bornhak*, Genealogie der Verfassungen, 1935, S.106.

なお、フランクフルト憲法下の連邦院（諸邦院）（Staatenhaus）にあっては、アメリカ型準用とされるが、けれども議員定数配分の面ではドイツ的修飾が明らかであったとされる。小林・前掲論文（註126）四五頁。

（134）清宮・前掲論文（註116）三五七頁。

（135）山田・前掲書（註124）四九頁。

（136）清宮・前掲論文（註116）三三〇頁。*Friedrich Giese*, Deutsches Staatsrecht, 1930, S. 52. ちなみにヴァイマール憲法下では、これと反対にラントの国家性が疑問視されることがある（清宮・同書六二頁）。また、現行基本法の下におけるラントの国家性については、ドイツ連邦憲法裁判所もまた認めているが（BverfGE 36, 342 (360 f.)）、これについて *Isensee*, a.a.O (Anm. 6), Rdnr. 159 ff. は、基本法上与えられるものであって、国際法的なそれではないと説明している。

（137）上代・前掲論文（註116）一九頁もまた、現行基本法下の連邦参議院の構成員が、そのままラント政府の構成員であることをドイツ型二院制の特徴とし、この点について、それが第二帝国に由来するものであることを説明している。なお、現在の連邦参議院の系譜を神聖ローマ帝国のライヒスタークにまで遡ろうとするものとして、小林・前掲論文（註126）がある。

ところで、本書では、イーゼンゼーの指摘を頼りにして、ドイツ（連邦）参議院にドイツ国家性の一端を見出そうとしているので、ひとまず普墺戦争以前のドイツ連邦及びその統治機構体制については検討の対象としていない。イーゼンゼーが指摘していないというばかりでなく、本書の検討対象から外した実質的理由もいくつかある。

たしかに、一八一五年ドイツ連邦規約における〝連邦議会（Bundesversammlung）〟は、諸邦代表の集合機関という側面のみに焦点を当てれば、現行基本法における〝Bundesrat〟との類似性を見出すことも可能である。しかしながら、①この当時の議会体制は二院制ではなく、かつ、②（イーゼンゼーが国家機関の名称を重視していることを考慮すれば）当該機関の名称に用いられている語は、現行基本法のドイツ上院に用いられている〝Rat〟ではなく〝Versammlung〟であるから、本書ではあえて検討の機会を設けていない（確かに〝Bundesversammlung〟は、〝Bundestag〟とも呼称されたが、ドイツ連邦規約に記載されている当時の正式名称は〝Bundesversammlung〟であることに変わりはない）。さらに、③ドイツ連邦は、いわゆる大ドイツ主義的発想に基づいているのに対して、現在のドイツが小ドイツ主義的系譜の下に統一を経ているという事情も、本書において検討の機会を設けていない理由に数えることができる。それに、そもそも、④ドイツ連邦それ自体が、北ドイツ連邦やドイツ帝国の体制と比すれば、決して統一（連邦）国家ということはできず、むしろ単なる国家連合としての色彩が強いものをいえる。したがって、そのような現代ドイツと大きな基本的文脈の異なる中にある〝Bundesversammlung〟に現代ドイツ国家性の系譜を遡ることが適当なのかという疑問が生ずるのである。要するに、著者は、現代ドイツの国家性に対する継受の濃度を考慮したときに、いかなる段階まで遡及することが適切かという問題意識を抱懐しているのである。ただ、そうした問題意識の下に、現行基本法における連邦参議院制度について、仮に一八一五年ドイツ連邦規約における連邦議会にまで遡るという国家性の把握の仕方が適切であると判断できる場合には、むしろ、かかる連邦議会の原型ともいえる神聖ローマ帝国における帝国議会制度への遡及が可能か否かも検討されるべきことになろう。

なお、一八一五年ドイツ連邦規約の条文については、さしあたり、*Dürig Rudolf* / *Walter Rudolf* (Hg.), Texte zur deutschen Verfassungsgeschichte: vornehml. für den Studiengebrauch, 2. Aufl., München, C. H. Beck, 1979, S.11 ff.を参照した。

(138) 本節におけるスペイン諸憲法の制度及び歴史に関する叙述は、もっぱら、以下個々に脚注に付される池田実の研究を、本書の関心に基づいて整理したものであることを予め付言しておく。
なお、スペイン諸憲法の条文については、以下の資料を参照している。池田実「[資料]（邦訳）スペイン1808・1834年王国憲章」山梨大学教育人間科学部紀要一巻二号（二〇〇〇年三月）一三二-一四六頁、池田実「[資料]（邦訳）スペイン1812年（カディス）憲法」山梨大学教育人間科学部紀要一巻一号（一九九九年一二月）八七-一一三頁、池田実「[資料]（邦訳）スペイン1837年憲法・1845年憲法」山梨大学教育人間科学部紀要二巻一号（二〇〇〇年一二月）二三四-二四六頁、池田実「[資料]（邦訳）スペイン1869年憲法」山梨大学教育人間科学部紀要四巻二号（二〇〇三年三月）四六-五六頁、池田実「[資料]（邦訳）スペイン1876年憲法」山梨大学教育人間科学部紀要五巻一号（二〇〇三年一二月）一三九-一四七頁、池田実「[資料]（邦訳）スペイン1931年憲法」山梨大学教育人間科学部紀要六巻二号（二〇〇五年三月）一五五-一七〇頁、池田実「[資料]（邦訳）フランコ時代の基本法（1）」山梨大学教育人間科学部紀要七巻一号（二〇〇六年三月）九五-一〇五頁、木下太郎『世界諸国の憲法集 第二巻』（暁院書館、一九八五年）五頁以下［木下太郎 訳・解説］。

(139) 池田実「スペイン憲法史の座標」（以下、「座標」と略す。）憲法政治学研究会編『近代憲法への問いかけ——憲法学の周縁世界』（成蹊堂、一九九九年）一三四頁。

(140) 池田・前掲論文（註139）「座標」一三六頁。

(141) 池田・前掲論文（註139）「座標」一三七頁。

(142) 池田・前掲論文（註139）「座標」一四一頁。

(143) 池田・前掲論文（註139）「座標」一四二頁。

(144) 池田・前掲論文（註139）「座標」一四三頁。

(145) 池田・前掲論文（註139）「座標」一四六頁。

(146) 池田・前掲論文（註139）「座標」一四六頁。

(147) 池田・前掲論文（註139）「座標」一四八頁。

(148) 池田・前掲論文（註139）「座標」一四九頁。

(149) 池田・前掲論文（註139）「座標」一五二頁。

(150) 池田・前掲論文（註139）「座標」一五一頁。

(151) 池田・前掲論文（註139）「座標」一五三-一五四頁。ちなみに、第一共和制は、一八六九年憲法の下で国王が王位を放棄して、国会が共和制を宣言したときである（同一四九頁）。「しかし、この共和制は混迷をきわめ、七三年七月一七日には共和国憲法草案もつくられたが、公布には至らなかった」（同一五〇頁）。

(152) 池田・前掲論文（註139）「座標」一五六頁。

(153) 池田・前掲論文（註139）「座標」一五九頁。

(154) 池田実「一九世紀スペインの立憲主義と「国体」論――カノバスの思想と復古王政憲法（一八七六年）を中心に――」（以下、「一九世紀スペイン」と略す。）憲法研究三六号（二〇〇四年）四三-四四頁。

(155) 池田・前掲論文（註154）「一九世紀スペイン」四四-四五頁。

(156) *Kirchhof*, a.a.O (Anm. 63)., Rdnr. 72.

(157) *Isensee*, a.a.O (Anm. 6)., Rdnr. 133.

(158) もっとも、イェリネクもまた、「国家学の分類」として特殊国家学（特別国家学・個別国家学）を紹介している。本章「第2章」が与えようとする視座は、この分類では、個別国家学に相当するもののように思われる。*Georg Jellinek*, Allgemeine Staatslehre, 1900, dritte Aufl, siebenter Neudruck, unter Verwartung des handschriftlichen Nachlasses durchgesehen und ergänzt von Walter Jellinek, 1960, Hermann Gentner Verlag, Bad Homburg von der Höhe, S.9-11. G・イェリネク（芦部信喜ほか共訳）『一般国家学』（学陽書房、一九七四年）八-九頁。また、同書第一版及び彼の息子＝W・イェリネクによる同書第三版序文からも分かるように、彼は『一般国家学』と対となる特殊国家学についても研究を進めていたが、その上梓を待たずして鬼籍に入った。

(159) 小山・前掲論文（註4）一五〇頁・一五四頁。

(160) *Isensee*, a.a.O (Anm. 6)., Rdnr. 7.

(161) すでに振り返ったように、本章の一部［第2章第2・3節］では、ドイツにおける（連邦）参議院のシステムや、スペインにおける国王及び国会との関係について、その特殊性が継受されていることをみた。次ぐ第3章では、国家の法人性に再び焦点を当てる。ちなみに、その主たる意図は、次章タイトルにもあるように（国家）法人意思と（国家）法人機関意思との関連を究明しようとするところにあるが、その一方で、副次的な側面ではあるものの、本章［第2章］や前章［第1章］との連関を示す意義もまた含まれている。

要するに、本章［第2章］第2・3節では、それぞれ題材とした国家機関の特殊性の継受をみた。そして、国家機関の相互連関の結合体は、一個の対外的意思をもちうる（国家）法人として表出することになる。したがって、次章［第3章］でみるように、法人の性質に関する理論ついて検討し、これを国家という団体に符合せしめて何らかの帰結を得ようとすることは、本章までと論述と次のような関連を有する。すなわち、①本章［第2章］では、国家機関の特殊性の継受をミクロ的視点あるいは実質的視点から検討したのに対して、次章［第3章］では、その属するところの法人性の継受というマクロ的視点あるいは形式的視点から国家性の継受を（法人学説を材料にしつつ）みようとするものである（もっとも、この作業の大半は、前章［第1章］第2節において済んでいる）。②そして、こうした作業は、第1章第2節で行った法人性検証による国家の前憲法性の論拠を補完するにも資することになるのである。

第3章　法人意思と法人機関意思

第1節　法人学説

1　概観

ここでは、検討の素材として、サヴィニーの法人擬制説及びギールケの法人実在説を改めて紹介しておきたい。この理論対立の構図は、よく周知されているものではあるが、かかる理論対立のそもそもの土俵である民法学においては、今日もはや実益のないものとして語られることが多い(162)。そのことが「民法学者の détournement de pouvoir」(163)であるか否かは別としても、この理論対立は、憲法学が抱えるいくつかの主題にとっては、等閑視できない問題といわざるを得ない。そして、石川健治においても、「私法上の法人本質論は、元来、国家論に直結しており、公法人論を通じてたちまち憲法学に影響を及ぼす」(164)と語られるように、その接続先の一つは国家論にほかならない。以下において法人学説を簡略に振り返ろうとするのも、そうした所以による。

（1）サヴィニーの法人擬制説

サヴィニーは、その著『現代ローマ法体系』の第二巻において、法人の本質につき、次のように述べている。

「権利能力は、……個々の人間の概念と一致するものとして描き出された。我々は、今、それを、単なる擬制によって認められた人為的な主体に広げられたものとして考察する。このような主体を、法人、すなわち、単に法的目的のために認められる人と称する。それにおいて、我々は、個々の人間と並んで、その他に法律関係の一つの担い手を得る。……法人は、財産能力のある、人為的に認められた主体である」(165)（圏点——著者）。

ここからも明らかなように、サヴィニーの所論は、後述するギールケとは異なって、法人を単なる擬制によって認められた人為的な主体として理解している。この際に、サヴィニーは、財産能力（権利能力）のあることを法人の条件としている。しかしながら、彼自身もまた、そこに法人の本質を構成する重要な要素があると考えているわけではないようである。

「今ここで法人の本質が専ら財産能力という私法的特性にあるとされていることによって、それを以って決して、実際に存在する法人にこの特性だけが見出されるべきであるとか、あるいはそうでなくても、この特性だけが重要であると主張されるべきではない。反対に、法人は常に、財産能力とは別の独立した何らかの目的を前提としており、この目的がまさに財産能力によって促進されるべきであり、それ自体しばしば財産能力よりもはるかに重要である」(166)。

(2) ギールケの法人実在説

ギールケは、一九〇二年一〇月一五日に、フリードリヒ・ヴィルヘルム大学において行った『人間団体の本質』と題する講演の中で次のように述べている。

「いかなる場合であっても、したがって、共同体は、作用する存在である。いまや、もちろん、我々が共同体に帰さざるを得ない諸効果を手中にしているので、かかる諸効果は、個人の力の純然たる集積によっては説明されないということになる。というのも、かかる諸効果は、孤立した人間のようなものによって部分的に生み出されたものではないからであって、したがって、全体の成果は、部分の成果に同様のものでも、勝るものでもなくて、かかる諸効果は（共同体に〕特殊なものである。〔このことは、〕権力機構、法、道徳、国民経済、言語といった現象によって、一目瞭然である。かくして、作用する共同体もまた、かかる共同体を構成する諸個人の総計とは、一致し得ないものであるならば、むしろ、全体は、超個人的な生命統一体であるに相違ない」(167)。

これが法人本質論におけるギールケのいわゆる法人実在説（有機体説）である。ここでは、団体は、かかる団体を構成する単なる諸個人の集合として把握されるのではなくて、国家によって法人格を付与される以前に、現実の有機体たる生命統一体として、それ自体団体意思を有するものとして観念される。

2 検　討

法人を「財産能力のある、人為的に認められた主体」と定義するサヴィニーにおいても、法人における財産能力（権利能力）は、かかる法人の目的を「促進」する手段として機能していると認識されているに過ぎず、「……〔こうした財産能力（権利能力）という〕この特性だけが重要であると主張されるべきではない」とされている。著者においては、さらに、たとえば、ある団体について反対に、一般に権利能力が認められていない——すなわち、かかる団体の権利能力について制定法上明文による規定を見出し得ない——場合であっても（いわゆる「権利能力なき社団」ないし「人格なき社団」）、それは、法人の本質にとって特筆すべき重要性を欠いているということにはならないものと思われる。

ある主体に権利能力がないということは、通常、かかる主体が法的な権利義務の帰属先となり得ないことを意味している。だとすると、たとえば、いわゆる権利能力なき社団は、ある権利の享有主体となり得ないばかりか、これが侵害された場合にその救済をしかるべき国家機関に求めることもできないこととなる。そのことにより、かかる団体の目的達成に支障を生じるおそれがあるかのようにみえる。だからこそ法人は、サヴィニーが認めるように、各々目的を有しており、そのために存在しているわけであるから、そもそも、かかる目的を達成する手段としての権利能力を有していない——すなわち、法によってその権利能力が擬制されていない——のならば、それは法人ではないとする法人理解は、法人がその目的達成のために存在すると理解される場合には、極めて妥当なものと思われる。

ところが、日本の民事訴訟法理論に視点を移すとき、権利能力なき社団でさえも、一定の場合に当事者能力が認められることが、ここでは注目に値しよう(168)。すなわち、民事訴訟法二九条（旧四六条）において、「法人でない社団又は財団で代表者又は管理人の定めがあるものは、その名において訴え、又は訴えられることができる」とされ、権利能力なき社団にも当事者能力が認められる(169)。

当事者能力が認められるということは、その権利能力が――一定の範囲・対象等に限られる場合であっても――前提されているということにほかならない(170)（しかも、後に紹介する判例にみられるように、法上の法人であっても、権利能力はその目的によって制限される）。このことは、民事訴訟法二九条に示されている要件が満たされるのであれば、権利能力なき社団は、少なくとも当該訴訟の争点となり得る権利については、その享有主体となり得ることを意味する。だとすると、法人は、法によって擬制されること――少なくとも制定法による権利能力の付与――を俟つまでもなく、存続し得るといえるのではなかろうか。

このような論証に対しては、民事訴訟法二九条において権利能力なき社団の当事者能力が法定されていて、そこから限定的にでも、その権利能力が演繹されるのであれば、結局のところ、法人を法の擬制によって存在するものであると、あるいは、法人の権利能力を実定法によって付与されたものであると、理解せざるを得ないのではないかとの、――性急ともいってよい――批判もあり得よう。しかし、著者は、民事訴訟法二九条を権利能力規定と解しているのでは、もちろんない。確かに、民事訴訟法旧四六条の規定それ自体を、非法人社団・財団の一般的権利義務主体性を認める実体規定と解する見解も存在するようである[171]。だが、こうした見解については、不動産登記の煩雑性を招来し、かえって取引活動を制約することになることから、「民訴法四六条〔現二九条〕を非法人社団・財団の一般的権利能力を認める実体規定と解することは無理」[172]との批判もまた存在しているところである。

また、そもそも民事訴訟法二九条それ自体は、条文それ自体を参照しても、当事者能力についての規定であって、権利能力についてのそれではない。さらに、より一般的にいえば、民事訴訟法のような手続法は権利義務の実体関係を規律するのがその任務ではない。手続法は、実体法において規定された権利の実体関係、要するに法律関係の内容それ自体の実現方法を規律することを目的としているからである。このような実体法・手続法の役割を考え併せると、権利義務の実体は、民事訴訟法のような手続法以前に存在しなければならない。しかし、実体法（民法）においても、権利能力主体となり得るのは、法上の法人と自然人とに限定されており、権利能力なき社団の権利能力についての規定は存在していない――もっとも、これ故に「権利能力なき社団」と称されるのであろうが――。だとすると、法人がその目的達成のために権利能力を有する団体として定義される場合には、――後記する八幡製鉄事件最高裁判決においても会社たる法人が「社会的実在」であると明言されている[173]――それは法以前に定立された実在的なるものであることを了解せざるを得ないと考えられる。

そのことは、憲法上の権利の観点からは、オウム真理教解散命令事件(174)の最高裁決定の法理の中にも、明らかにされているといえる。すなわち、「解散命令によって宗教法人が解散しても、信者は、法人格を有しない宗教団体を存続させ、あるいは、これを新たに結成することが妨げられるわけではなく、また、宗教上の行為を行い、その用に供する施設や物品も新たに調えることが妨げられるわけでもない」と判示されている。これは、法上の法人でない団体であっても、憲法上の権利（＝信教の自由）を有する主体として認められ得ることを示しているものと理解できる。また、――民法学界では、今日、法人学説は実益のない議論とされているようだが――少なくとも憲法学界においては、実在説的視点の方が有力であるとの見方も存在している(175)。

要するに、以上の諸点を考慮する限りでは、法人の要件にその権利能力が求められるならば、少なくともその次元においては、法人は法以前に実在する存在として認めることができるという帰結が導かれることとなる。

ところで、甲斐素直は、法人擬制説の立場を採った上で(176)、憲法二一条が集会及び結社の自由の規定によって団体（法人）の存在を認めていることについて、次のような論から、団体の人権享有主体性は原則として否定されているとし、法人擬制説を採ることとの矛盾を解消して整合化を試みている。

「……結社、すなわち団体の形成の自由を、人の集まりである社団に保障することは自己撞着である以上、そこでの主体はあくまで個々の自然人であり、その人権行使の手段として、結社、すなわち団体の自由も保障されていると読むのが文理上妥当〔である〕。……集団はあくまでも、個々の自然人の人権を対社会的に表現するものとして形成されたもの〔である〕」(177)。

ここでは、①実際に団体を結成するのは、団体自身ではあり得ず、団体結成の権利の主体は、自然人である旨が述べられているのみならず、②このことを以って、団体は自然人の人権行使の手段に過ぎないものとして評価されている(178)。しかしながら、①自然人の団体結成の権利と、②団体が結成された後の団体の権利とは、峻別して論ぜられるべきではなかろうか。

なるほど確かに、団体を結成するのは団体自身ではあり得ず、団体は常に自然人たる構成員の存在を以って成立せしめられることが必要である。ところが、団体の人権享有主体性を肯定することの意味が、その構成員たる個々の自然人固有の人権行使という目的実現に還元されることのみに――かかる側面は確かに認められるとしても――、収斂されるということは、かかる団体が自然人によって構成される可能性から必ずしも導出されるものではない。というのも、ひとたび団体が成立すれば、――構成員たる自然人固有の権利とは独立の――その固有の権利を観念できるし、また、法システム上もそのように設計されているのであって、しかも、その行使の際には、構成員たる自然人固有の権利実現に還元されるか否かが――結果として還元される場合があるにせよ――必ず考慮されるものではないと思われるからである(179)（せいぜいのところ、――たとえば南九州税理士会事件最高裁判決におけるように――かかる構成員たる自然人固有の権利の局面から、その権利行使が、かかる団体の権利行使と衝突した際に、その調整が図られるに過ぎない。）。この点、確かに、甲斐もまた、「……自然人の集団の機能を、常に、それを構成している個々の自然人に一々分解し、あるいは自然人に還元して理解するのは、明らかに妥当ではない。集団の存在を、憲法レベルでも素直に肯定するのが、憲法の社会規範性の当然の要求である」(180)とも述べている(181)。

　しかし、いずれにせよ、法人の行為が個別・具体的に構成員たる自然人へと「一々分解〔され〕……還元」されることが必ずしも要求されることはないばかりか、名目的・抽象的次元においてさえも、かかる要請は、必然的ではない。すなわち、法人は、かかる構成員の権利利益の実現を目的にし得るだけでなく、法人が実在し存続することそれ自体にも、まさに意義が見出され得る場合があるということである(182)。

加えて、甲斐は、憲法レベルで法人実在説を採ることに対し、次のような批判を加えている。

「……憲法レベルで法人実在説をとることは、憲法がわが国のすべての実定法に対する授権法であることを無視した不当な議論であると考える。すなわち、この説を採る場合には、憲法から授権されているあらゆる法領域で、実在説を否定するような立法を行った場合には、違憲という結論が導かれるはずだからである。しかしながら、個々の法領域においては、法人否認説あるいは法人擬制説を採用する固有のニーズが存在していることは確固たる事実である。例えば、民法が擬制説を採り、あるいは刑事法領域で一般に否定説が採られている。〔原文改行〕それぞれの法分野におけるそうした異なる取り扱いにはそれなりの合理性があることを考えると、授権法たる憲法がそのような硬直的な取り扱いをすると解することは明らかに不当だからである」(183)。

ここで民事法領域が法人擬制説を採用しているとの評価がなされている根拠は、必ずしも明らかにされていないが、おそらくは、民法等において法人が制度化・実定化され、そうした法人と自然人以外に権利能力を認めないとの法システムを採用していることに基づいているものと推測される。

ところが、先に、権利能力なき社団の権利能力について検討したように、民事法領域が完全な意味において法人擬制説に拠っているか否かは、さらなる精緻な検討を要するものといえよう。また、刑事法領域においても、法人否認説が一般的との評価がなされている。だが、これについても、刑事法領域の学説は、法人の犯罪能力について、否定説・肯定説・折衷説とで対立しているようであり(184)、だとすると、かかる評価が全面的に妥当するかについては論及の余地がありそうである。他方で、確かに、大審院時代の判例(185)においては、刑事法上の法人の犯罪能力に関して、法人否認説を採るものも存在していたのだが、最高裁判例(186)においては、直接これについて言及された例は見当たらないものの、法人自体の犯罪能力は当然の前提になっているものとして評価されている(187)。

さらに、仮に民事法領域が法人擬制説を採り、あるいは、刑事法領域が法人否認説を採っているとしても、憲法の最高法規性ないし授権規範性のみを理由として、憲法領域で法人実在説を採れば実在説を否定するような下位規範が違憲となると断ずることには、やや難があるように思われる。というのも、憲法は確かに制定法秩序において最上位に位置するものの、憲法を含めて各々の法領域は、その固有の目的や対象を有しており、そのような妥当領域に対して合目的的に法解釈が展開されるからである（もっとも、目的や対象についてのかかる妥当範囲が重層するような領域については、憲法適合性を個別具体的に検討する必要性が生じよう。）。たとえば、人の概念につき、原則として、刑法においては一部露出説が採られており、民法においては全部露出説が採られているが、憲法において憲法上の権利の享有主体性が認められる人概念に対して、これらの憲法適合性が、ひとり憲法の最高法規性の観念のみから、問題とされることは通常あり得ない。したがって、憲法が法人実在説を採ることによって、他の法領域において法人実在説以外の立場を採ることが、憲法違反を構成せしめると主張するためには、そのことによって憲法上のいかなる権利あるいは構造が侵害されているのかについての個別具体的な検討を要するものといえよう。

第2節　意思と意思表示

1　代理の諸例

法人擬制説に立つにせよ、法人実在説に立つにせよ、法人は自然人と異なり、法人それ自体が意思を表示することはできないことについては、論を俟たない（法人の自然的行為無能力(188)）。したがって、法人意思は、必然的に、かかる法人の（代表(189)）機関——たとえば株式会社であれば代表取締役という具合に——によって（を通じて）表示されざるを得ない。これゆえに、ここでは、代理関係が認められることとなる。しかしながら、代理人に全面的ないし部分的に依拠しなければ、その意思表示の効果を自己に帰属せしめ得ない枠組みは、法人限定的な問題ではなく、法制度・法理論上において様々に存在している。

たとえば、本人単独で完全に有効な法律行為――ことに本章〔第3章〕の関心は意思表示についてであるが――をなし得ない法的主体は、周知の通り、民法上規定されている。法定代理の例を挙げれば、未成年者、成年被後見人、被保佐人、被補助人などがこれに当たる。これらの制限行為能力者らは、それぞれの法定代理人を通じて、あるいは、これに補完されて、その意思表示を――自己に帰属せしめられ得るという意味で――完成させる。

このほか、そもそも本人による意思表示が現実上不可能なものと想定されている法定代理も存在する。民法においては、不在者――従来の住所又は居所を去り、容易に戻る見込みのない者――につき財産管理人がいない場合に、家庭裁判所は、申立てにより、不在者自身や不在者の財産について利害関係を有する第三者の利益を保護するため、財産管理人選任等の処分を行うことができると定められており、この不在者財産管理人制度がこれに当たると言えよう。

さらに、憲法学における代表制論にあっても、代理の例をみることができる。一般に Nation 主権と対峙的に描かれる Peuple 主権は、しばしば、命令的委任と結合されて論じられており(190)、これは代理――法的代表――の一例に数えることができる。また、Nation 主権と結び付けられて語られる純粋代表制——政治的代表——は、代理システムとは峻別されて整理されることが多い(191)。ここでは、代理システムでいうところの本人たる国民の概念が「国籍保持者の総体」として定義され、これゆえに、かかる主体それ自体は意思表示をなし得ないものとして理解され得る。したがって、純粋代表制における代表は、命令的委任にかかる指図から解放されたものとして構成されるがために、代理システムとは異なるものとして位置付けられるのである。しかしながら、先に示した、〝法人——法人の代表機関〟や、不在者財産管理人制度における〝不在者——管理人〟の関係性においても見られるように、代理システムは必ずしも、本人の意思表示可能性を前提としたものではないと整理することもできそうである。

2　代理システムの本質——前提としての本人意思

代理というシステムは、代理人によって表示された意思が本人に帰属するために、代理人は、当然に、本人がなしたであろう意思——真意——を想定して、あるいは、本人に利益的なかたちにおいて、意思表示をしなければならないことが要請されよう。この趣旨を示すように、判例もまた、代理権濫用の事例において、「代理人が自己または第三者の利益をはかるため権限内の行為をしたときは、相手方が代理人の右意図を知りまたは知ることをうべかりし場合に限り、民法九三条但書の規定を類推して、本人はその行為につき責に任じないと解するを相当とする……」(192)としている。ここでは、本人及び代理人が一体として把握されている。その上で、この一体化した主体がその真意――想定される本人の意思――に反する意思表示を行い、相手方がかかる意思表示が真意に反することを知っていたとき、あるいは、知り得た場合には、代理人の意思表示は本人に帰属しないものとしたのである(193)。さらに株式会社とその代表取締役との代表・代理関係における同様の事例についても、「株式会社の代表取締役が、自己の利益のため表面上会社の代表者として法律行為をなした場合において、相手方が右代表取締役の真意を知りまたは知り得べきものであつたときは、民法九三条但書の規定を類推し、右の法律行為はその効力を生じないものと解するのが相当である」(194)と判示されている。

また、未成年者・法定後見制度にかかる条文上においても、次のように規定されていることは、法定代理人の意思表示を含む法律行為が、本人の利益に反してはならないこと、そして、かかる行為への本人の同意を前提としていることを示しているものと言えよう。すなわち、たとえば、未成年者の法律行為・財産管理につき、その法定代理人――通常の場合、親権者であるが――が有するのは、同意権であり(民法五条一項・民法八二四条(195))、また被保佐人ないし被補助人の一定の行為について保佐人ないし補助人が有するのも同意権であり、これは例外的に家庭裁判所の許可によって代えられる（民法一一三条三項・民法一一七条三項(196)）。したがって、本章［本書第3章］においては、ひとまずのところ、こうした部分にみられるような、——本人の利益に相反することが禁止されるのみならず(197)——本人の真意たる意思あるいは利益を反映・尊重しなければならないという、代理人に対する行為態様の要請を代理システムの本質として措定したいと考えている。

本人の性質	代理の諸例
A類型	・未成年者と法定代理人 ・成年後見制度における本人と法定代理人 ・Peuple主権概念を前提とした国民と命令的委任に拘束された国民代表
B類型	・法人と法人の代表機関 ・不在者財産管理人制度における不在者と不在者財産管理人 ・Nation主権概念を前提とした国民と命令的委任から解放された国民代表

本節前二項［本書第3章第2節1］に示したような代理の諸例を、本章［本書第3章］の関心から本人の性質に従ってカテゴライズすると、代理人に対して、その代理行為につき、本人の意向を表明し得ると考えられる性質を有する本人である場合（A類型）と、そうでない場合（B類型）とに区分できるように思われる。A類型にあっては、代理人の示す意思表示は、先にみたように、本人の真意たる意思が介在していることが想定・要請されており、単に代理人がその絶対的な任意で本人の名において意思を表示できるものではない。この場合には、本人に内在する意思は、本人のこのような性質の故に、代理人が本人へ直接の確認・照会をなし得る。

他方で、本人にこのような性質の認められないB類型においては、代理人が本人の真意たる意思を前述の類型と同様の仕方において確認することができない[198]。というのも、実体的に見て本人による意思表示がそもそも不可能と考えられるからである。しかしながら、本人の意思表示の実体的不可能性が、本人の利益や真意に無関係あるいは相反して行為し得るものでないとの代理システムに内在する要請を減殺し得るものではないことは、すでにみた判例の趣旨に徴しても明らかであろう。

4　法人意思の所在＝法人の目的

前叙に示されたことが肯認せられるならば、次に法人における本人の意思とは、そもそも、一体何を意味しているのかという問題が生ずる。というのも、代理関係においては、すでにみたように、前提される本人の意思が、実際に活動——意思表示——を行う代理人を拘束しているからである。周知のように、日本の現行憲法にあっては、ドイツ基本法と異なり(199)、明文上、法人を人権享有（権利能力(200)）の主体とする規定は存在していない。だが、法人の人権享有主体性は、日本においても、すでに判例理論において認められている。そして、そのリーディング・ケースとなっている判例——いわゆる八幡製鉄事件(201)、南九州税理士会事件(202)、群馬県司法書士会事件(203)——において、法人の意思の所在が明らかにされているといえるので、以下これを今一度概観しておこう。

まず、八幡製鉄事件最高裁判決は、法人の人権享有主体性(204)を認めた上で、その範囲につき、「会社は定款に定められた目的の範囲内において権利能力を有するわけである」(205)としながらも、「目的の範囲内の行為とは、定款に明示された目的自体に限局されるものではなく、その目的を遂行するうえに直接または間接に必要な行為であれば、すべてこれに包含されるものと解するのを相当とする」として、「目的の範囲内の行為」を比較的緩やかに解釈しているものとみえる。他方で、南九州税理士会事件最高裁判決においては、同様に、「目的の範囲」の概念を用いながらも、「税理士会は、会社とはその法的性格を異にする法人であって、その目的の範囲については会社と同一に論ずることはできない」として、前記八幡製鉄事件最高裁判決における会社たる法上の法人に対するのとは異なった法的評価を導いている。

すなわち、会社の場合、「〔目的遂行に〕直接又は間接に必要な行為」は、「目的の範囲内の行為」に包含され、しかも、「目的の範囲内の行為」であるか否かは「抽象的、客観的に観察」すれば足りるものされ、「目的の範囲」について緩やかな解釈が行われている(206)。他方で、税理士会の場合、それが「強制加入団体」であること、そして、「税理士会の目的は、会則の定めをまたず、あらかじめ、〔税理士〕法において直接具体的に定められている」ことなどが重視され、「目的の範囲」について厳格な解釈が行われている。してみると、これら二判例をみた限りでは、強制加入団体か否かが、その目的を厳格に解釈するか緩やかに解釈するかの指標に据えられているという最高裁の立場を窺い知ることができる。

ところが群馬県司法書士会事件最高裁判決は、このような理解を一旦御破算にさせる。本件は、群馬県司法書士会が阪神・淡路大震災により被災した兵庫県司法書士会に復興支援拠出金を寄付したことの違法性が問われた事案である。最高裁は、その中で、「司法書士会は、〔司法書士法一四条二項所定の〕……事務を行うことを目的とするものであるが……、その目的を遂行する上で直接又は間接に必要な範囲で、他の司法書士会との間で業務その他について提携、協力、援助等をすることもその活動範囲に含まれるというべきである」（圏点――著者）と判示し、最終的に司法書士会の寄付を「目的の範囲内」にあるものとした。

南九州税理士会事件最高裁判決においては、税理士会は、会社とは強制加入団体という点において異なるとされていた。それにも関わらず、同じく強制加入団体であって、かつ、その目的が司法書士「法において直接具体的に定められている」（南九州税理士会事件最判）と考えられ得る司法書士会の行為の合法性を審査するにあたって、会社の行為について用いられたはずの「直接又は間接に必要」という論理を援用して、しかも同司法書士会の寄付が「目的の範囲内」のものであると論結していることは注目に値する。

南九州税理士会事件と群馬県司法書士会事件とを画する差異を、その寄付が政治献金であるのか災害復興支援金であるのかに求めて両事件の整理を行うものもあるし(207)、一瞥する限り、そのような整理に行き着くのも理解できないわけではない。しかし、最高裁は、司法書士会の寄付について、その「見舞金」たる性格を明確に否定した上で、「被災者の相談活動等を行う同司法書士会ないしこれに従事する司法書士への経済的支援を通じて司法書士の業務の円滑な遂行による公的機能の回復に資することを目的とする趣旨のもの」とする原審の認定を受け入れたことが、司法書士会の寄付を「目的の範囲内」とした結論に影響を与えているものと思われる(208)。これらのことは、要するに、被災地への見舞金あるいは義捐金たる趣旨のものでは、その支出が「目的の範囲内」となる結論を得ない旨を示唆している。

だとすると、なおさらに南九州税理士会事件の最高裁判決の法理との整合性を問わねばならない(209)。なぜなら、南九州税理士会事件において問題とされたのは、税理士と無関係の政治献金ではなくて、「税理士法改正運動に要する特別資金」としての性格を有する政治献金だったからである。それにも関わらず、一方は違法とされ、他方は合法とされた。強制加入団体である群馬県司法書士会の支出行為と、「目的の範囲内」と認定し得る支出目的との間における、この程度の緩やかな関連性が、同じく強制加入団体である北九州税理士会のそれにおいては存在していなかったと果たして言えるだろうか。だとすると、南九州税理士会事件及び群馬県司法書士会事件の両事件最高裁判決に整合性を見出せるように、両事件最高裁判決の結論を分けたファクターを翻って考えてみると、最高裁自身は否定しているものの、やはり支出の見舞金あるいは義捐金的な性格が——根拠として全面に示すことができないという躊躇を抱えつつも――少なくとも意識されていたことにあるのではないか思われる。

してみると、強制加入団体とそうでない団体とでは、後者の「目的の範囲」が前者に比して緩やかに解釈されるのは確かであろうが、強制加入団体であるか否かという点において一律的に、その「目的の範囲」が厳格に解釈されることにはならないと言えよう。要するに、強制加入団体の行為が法に定める「目的」に直接的関連性を有しないものであっても、かかる行為が「目的の範囲内」にあるものか否かを判断するに際しては、その行為の態様・性質が個別具体的に検証に付される必要があるということになる。というのも、事実上の見舞金支出行為のような――政治献金よりも――比較的公益性の高い行為であれば、「目的の範囲内」にあるものとして結論付けられる可能性があるからである。

会社・税理士会・司法書士会のいずれにせよ、これら三判決に通底するのは、「目的の範囲内」たる基準によって法人の人権享有主体性（権利能力）の射程を画定しようとしている点であるといえる。確かに、法人の種別や行為の態様・性質によって、基準となる「目的の範囲内」の外延の画し方を異にしているものの、法人の人権享有主体性（権利能力）の射程画定が、「目的の範囲内」の概念を手掛りに導出されていることについては共通している。

こうした構成の下にあっては、「目的の範囲」なる概念は、法人の活動――それはかかる法人の機関によって行われるため、第一次的には法人機関の活動であるが――を拘束するものとして示されているといえる。だとすると、代理関係において代理人が本人の意思を前提とすべきものと理解できるならば、本人たる法人それ自体とかかる代理人たる法人機関との代理関係において、ここで代理人たる法人機関を拘束しているのは、かかる「目的の範囲」ということとなる。これゆえに、法人機関が前提とすべき本人の意思は、この「目的の範囲」に存することとなるのではないだろうか。そして、ここで法人の活動範囲――権利能力の範囲――を画する要素として、「目的の範囲」が援用されるのは、前述したように、法人の権利能力が、まさに、その目的を達するための基礎的な手段に過ぎないということに拠るものとみることができよう。

第3節　国家法人意思

1　国家法人意思の所在

著者は、すでに前叙［本書第1章］において、Verfassung/Constitution の概念には、事実上の次元と規範的次元とがあることを紹介し、さらにJ・イーゼンゼーに依拠して、そもそも、その原義からすれば、Verfassung/Constitution は、国家の専売特許ではない旨を論じた(210)。加えて、この際に、「例えば法人を設立する場合に作成する定款は、かかる法人の規範的意味での――しかも制度的な――Verfassung であるが、事実的意味での Verfassung はそれ以前に存在している。というのも、法制度的規範としての根本原則がない任意団体でさえ、組織体である時点で、その『存在性格を規定している基本構造』を示し得るからに他ならない」(211)とした。

そこに示した〝会社――定款〟の図式を国家に当てはめようとする場合には、Verfassung/Constitution の訳語の一つが「憲法」であることからも分かるように、当然に、〝国家――憲法〟という関係性が帰結されよう。国家について、会社と同様に法人格が認められなければならないことは、すでに指摘しているが(212)、かつ、国家は自然人とは異なって、それ自体によって、その意思を表示することはできない（前叙［第3章第2節3］にいうB類型）。したがって、国家それ自体の意思を表示するために、国家の図式においてもまた、〝国家――国家機関〟という代理関係を認めることができることとなる（なお、国家それ自体と国家機関との関係にあっては、これを代理関係とは異なるとする見解もある(213)）。そして、代理関係が認められるとするならば、そこには必然的に、本人の存在と本人の意思が前提されることに注意を払う必要が生ずる。この際に留意すべきは、本人に相当する主体の実体的な意思表示の不可能性が、代理人の野放図な意思表示を許容するものでないことも、すでに考察した通りである。

さて、前記した八幡製鉄事件・南九州税理士会事件・群馬県司法書士会事件の最高裁判決においては、法人の行為は、「目的の範囲内」に留まるべきものであり、そして、かかる「目的の範囲」の画定について、会社たる法人・民法上の法人の場合には、かかる法人の根本規範――すなわちVerfassung――としての当該の定款・寄附行為が一根拠となることが示されている。このことは、つまり、法人のかかる「目的の範囲」が、たとえば株式会社における定款のように、法人の目的を含む基本構造を規定する規範的なるものを中心にして描かれることを意味している。

この点を〃国家――憲法〃との関係に符合させて考えると、国家の「目的の範囲」の画定作業が――少なくとも成文（成典）憲法体制においては――成文（成典）憲法を手掛りとして行われるということになる。そして、これを以って国家機関の行態が、まさにその「目的の範囲内」に留まるべきだとされる場合には、憲法が国家――すなわち、この場合には国家機関を意味するが――を規律し、国家機関は憲法によって規律された範囲で行為せねばならないという要請を含む近代立憲主義、あるいは、憲法の制限規範性が浮き彫りにされよう。だとすると、国家機関の意思とは独立に存在する国家法人に内在する意思は、――憲法が〃継受の規範〃(214)でもあるとするならば、なおいっそうに――基本的には憲法に表れていることとなる。しかも、国家法人は、普通の場合、いわば

「強制加入団体」ではあるものの(215)、前項［第3章第2節4］にみた南九州税理士会事件最高裁判決までの論理を援用するならば、そのような国家法人の目的は、ますます、成文（成典）憲法「……において直接具体的に定められている」必要があり、国家機関が国家法人の名でする行為は、かかる目的との関連性の有無を厳格に判断されなければならないと言えなくもない。こうした局面のみを重視するならば、ここからも、近代立憲主義、あるいは、憲法の制限規範性は、根拠づけられ得るかも知れない。

しかしながら、このことは、国家の前憲法性――国家が成文（成典）憲法に前置しているという性質――が認められることから、国家法人の意思が成文（成典）憲法上に明文で表出しているものに限定されるということを必ずしも意味するものではない。この国家の前憲法性については、①主に第1章第1・2・3節において、その根拠を明らかにしたが(216)、②さらに本章前叙［第3章第1節2］においても法人実在説の妥当性をめぐる検証を行うことで、国家の前憲法性の論拠を補完した。それらを踏まえれば、それぞれの検討から、次の諸点をいうことができることを再確認しておく。

すなわち、①第1章第2節において指摘したように、国家が法的人格を有する団体――これを法人という――であり、かつ、その法人性は（たとえばモンテビデオ条約のような）成文法以前に認められるということ、そして、②実定法以前に法人の存在を認める法人実在説を国家たる法人に援用するならば、国家たる法人は、成文（成典）憲法以前に実在していることになるということである。なぜなら、成文法体制においては、すべての成文法の効力秩序的根源性を有する成文法は、成文（成典）憲法にほかならないからである。要するに、国家の法人性は、実定成文法によって付与されるのではなくて、国家団体としての組織的成熟度によって自働的に獲得されるということである。したがって、問題となっている当該の国家（あるいは国家法人）の基本構造――より一般化して言えば、ある主体の存在性格を規定している基本構造――こそが、かかる国家の Verfassung ということとなる。

以上のことは、結局のところ、かかる国家の Verfassung が成文（成典）憲法を中心指標として描かれることを意味するものである一方で、そうした中心指標に局限されるべき要請をむしろ排除しているものといえる。そして、国家機関が国家法人の名でする行為もまた、このような Verfassung のために行われるものであるならば――前項［第3章第2節4］にみた群馬県司法書士会事件のごとき、強制加入団体による公益性ある行為と同様にして――、成文（成典）憲法上の目的との関連性は緩やかに判断されるべきことになろう。

このような構成から導出されるのは、かかる基本構造が〝憲法の前提条件〟(217)の一つとして、成文（成典）憲法と共に、国家機関を規律対象としているという可能性である。このような可能性を肯定することの必要性は、成文（成典）憲法が問題とされる段階では国家は当然の与件と化しているために(218)、成文（成典）憲法において国家それ自体が明示的に語られる傾向はあまりみられず、従って、それは完全な国家像を提供するものではないからである(219)。イーゼンゼーもまた、ドイツ基本法について、「国家性は制憲者の自由にはならない。基本法は国家が存在すべきか否かにつき決定しないし、むしろ、基本法が国家に由来し、かつ、国家を形成するものである」(220)と述べていることは、このことと関係している。けれども、同時に彼が述べるように(221)、国家というテーマは無秩序なものではなく、それは、「予め与えられたテーマであって、憲法という形式」であり、かつ、「部分的に予め形成され、他方で、さらになお形式を要し、かつ、可塑性を有するテーマ」なのである。

憲法の前提条件もまた、H・クリューガーの述べるように、間接的にではあるにせよ、憲法を通じて見出されることもある(222)。したがって、前憲法的存在としての国家と規範的なるものとしての憲法は、相互に補完・形成し合っているものとして理解すべきこととなり、国家法人の意思――すなわち、それはかかる国家の目的を含むものと思われるが――もまた、かかる相互作用の中において見出されるべきものとなろう。

2　補論：国家法人意思の普遍性と特殊性

国家法人意思の導出に寄与するところの国家の基本構造とは、すなわち、憲法を通じた、前提条件を欠いた新たな端緒が存在し得ない——要するに、〝法学的ビッグバン〟の不存在——がために、歴史的連続性(223)を有するものでなければならないこととなろう。

憲法が前提しているものという次元でいえば、そこには、近代国家・立憲主義国家一般に共通する多くの諸要素が存在している。たとえば、それは、権力の統一性——その表裏一体としての市民の法服従義務(224)も含め——であったり、人権（権利）保障・権力分立という命題であったりするわけである。しかし、こうした普遍的価値と共に、——それが何であるかという内容描写（そのことによる概念画定）を行う準備は本書においては未だないけれども——各々の具体的国家の特殊的価値ともいうべきものもまた存在していると思われる。この両者は、内容的にオーヴァーラップしている可能性がないこともない。しかし、史実上いかなる要素を以って、かかる具体的国家たり得てきたかという問題と、単なる権力独占主体としての国家・立憲的意味の憲法が目指すところの諸価値を実現しようとする国家とは、必ずしも重なり合うものではない(225)。こうした普遍的・特殊的両価値は、イーゼンゼーに言わしめれば、憲法の啓蒙的な側面とロマンティックな側面ということになるのかもしれない(226)。

個別・具体的国家の特殊性を問題とするのは、何となれば、それが当該の国民アイデンティティに関わるものだからであるが(227)、のみならず、普遍的価値の実現にも寄与すると思われるからである。そうした普遍的価値は、抽象的な人間性のアピールをしばしば含むが、しかし、イーゼンゼーの示唆するように、特殊的価値の方が遥かに威力を発揮する(228)。これに関連して、たとえば、次のようにもいわれる。

「民主主義の原型としてのアメリカとフランスの憲法は、民主主義を歴史の中に出現させたが、これらの憲法は抽象的な社会から生まれたものではなく、『バージニア州民の代表』、『われら合衆国の人民』、『フランス人民の代表』などの特定の国民とその代表から生まれたものであることを証明している。欧州大陸のモデルといえるフランスの民主主義は、フランス国民の理念から生じている。一七八九年の人間と市民の権利の宣言以来、主権の源は国民であった。フランス革命はその当初において、人類に対する使命感によって満たされていたが、政治的意思の担い手はフランス人であった。そこでは、普遍的な人類は解放運動の目的ではあっても、その源ではなかった」(229)。

彼の言辞においてまた、「人工的な自由の樹木を打ち立てるだけでは、十分ではない」(230)とされているのは、まさにこうしたことに拠っているのであろう。

第4節　小　括

国家とは専ら権力機構であると捉える国家観に批判的な立場として、「国家」と「政府」とが峻別されるべきとする見解が存在する(231)。ここに示されている〝国家――政府〟という理解は、政府が国家機関であり、すなわち、実際上、何らかの行為を――場合によっては権力的に――なすところのものであるとすれば、まさに本章［本書第3章］にいう〝国家法人――国家機関〟との枠組みにほぼ符合するものとして位置付けて差し支えなかろう。

法人一般は、その権利能力という側面においてさえも、法によって付与されたものではなく、したがって、法人一般が法以前の実在的存在であることは、現実の法システムからも示され得た。しかも、このようにして法人実在説の妥当性が根拠づけられたことによって、本章前叙［本書第3章第3節1］において確認したように、すでに本書第1章において様々な局面から論証を行った国家の前憲法性の根拠は、ますます補完されることとなった。また、代理関係の諸例には、本人の意思表示の実体的不可能性が前提とされている類型が存在し、このうち、ことに法人は、それ自体が自然的行為無能力であるために、その機関を代理人として行為せざるを得ない。そして、かかる代理関係にいうところの前提とされるべき本人の意思は、定款等の規範的なるものを基軸として描かれることが主要判例のうちに明らかにされており、このことを〝国家法人――国家機関〟の関係性に当てはめ、国家の目的を含む国家法人の意思が、前憲法的なるものとしての国家と規範的なるものとしての憲法との相互補完的な営みの中に見出されるべきものと論じた。

結局のところ、本章［本書第3章］は、国家が法人であることを前提としつつ、会社等の法上の法人とその機関との代理関係のアナロジーとして、国家におけるそれを考察したものであった。その帰結として、結果的に、国家の目的が、国家機関の意思からは独立の法人それ自体の意思として構成されることとなった。

本章までの議論［本書第1・2・3章］は、いわゆる国家本質論の中で語られるものとしては、特に国家有機体説との親和性をもち得るのではないかと思われる。そこで、次章［本書第4章］においては、これまでの議論が、国家本質論的類型のうち、いかなる理論といかなる親和性をもち得るのか、そして、いかなる理論といかなる対立を描き得るのかが確認されることになる。

註

(162) たとえば、内田貴『民法Ⅰ 総則・物権総論』第二版補訂版（東京大学出版会、二〇〇〇年）二一二頁。

(163) 石川健治『自由と特権の距離——カール・シュミット「制度体保障」論・再考——』増補版（日本評論社、二〇〇七年）九九頁中の註（217）。念のため、「**détournement de pouvoir**」は、邦語では職権濫用とでも訳出し得ようことを付け加えておく。

(164) 石川・前掲書（註163）九一頁。

(165) *Friedrich Carl von Savigny*, System des heutigen Römischen Rechts, Bd. 2, Berlin, Veit, 1840, S. 236. なお、訳出に際しては、小橋一郎訳『現代ローマ法体系 第二巻』（成文堂、一九九六年）を適宜参照している。

(166) *Savigny*, a.a.O (Anm. 165)., S. 240.

(167) *Otto Friedrich von Gierke*, Das Wesen der menschlichen Verbände, Buchdruckerie von Gustav Schade (Otto Francke), 1902, Berlin, S. 20 ff.

(168) いうまでもないが、（法上の）権利能力を有する主体は、当然に当事者能力が認められる。根拠条文として、民事訴訟法二八条がある。民事訴訟法二八条「当事者能力、訴訟能力及び訴訟無能力者の法定代理は、この法律に特別の定めがある場合を除き、民法（明治二九年法律第八九号）その他の法令に従う。訴訟行為をするのに必要な授権についても、同様とする。」。

(169) 判例・学説に拠れば、ここにいう権利能力なき社団として認められる為には、次の要件を満たすことが必要であるとされる。すなわち、①取引上一個の主体として独立した存在であること（対外的独立性）、②団体としての組織が整っていること（管理・運営方法、意思決定のための手続、代表者など。内部組織性）、③構成員個人から切り離された存在であること（対内的独立性）、④構成員の財産から独立した団体の財産が存在すること（財産的独立性）である。中野貞一郎ほか編『新民事訴訟法講義』第二版補訂版（有斐閣、二〇〇六年）九四‐九五頁〔本間靖規執筆〕、伊藤眞『民事訴訟法』第三版補訂版（有斐閣、二〇〇五年）九五頁、最一小判民集一八巻八号一六七一頁。

(170) この点につき、同旨として、松本博之「非法人社団の当事者能力と実体関係」民商法雑誌九三巻臨時増刊号(2)・創刊五十周年記念論集Ⅱ 特別法からみた民法(一九八六年三月)は、民事訴訟法旧四六条(=「法人ニ非サル社団又ハ財団ニシテ代表者又ハ管理人ノ定アルモノハ其ノ名ニ於テ訴ヘ又ハ訴ヘラルルコトヲ得」)(現二九条)の法意について、「当事者能力……を認められる場合、法人でない社団・財産にも、その訴訟に関する限り実体法上の権利義務の帰属主体たる地位、すなわち権利能力ある社団・財団の地位を認めることが必要となる。一方において当事者能力を付与し、他方においてその訴訟に関してすらその団体の権利能力を否定することは、矛盾であり背理であるからである」(七四頁)と述べている。

なお、不動産登記の判例(最二小判昭和四七年六月二日民集二六巻五号九五七頁)・実務において権利能力なき社団の不動産登記が、その権利能力なきゆえに、認められていないとされることについて、松本は、前叙(七四頁)を踏まえた上で、説得力を欠くとして、「総有的財産帰属を援用するだけでは社団の資産たる不動産についてその訴訟に関し社団の権利主体性を否定する根拠としては全く不十分」(八四頁)と批判している。

(171) 鍛冶良堅「いわゆる権利能力なき社団(非法人社団)について——法律の指導性とその限界」法律論叢三二巻五号(一九五九年二月)六九頁以下・八八頁。同「いわゆる権利能力なき社団と不動産登記」不動産法体系Ⅳ(一九七一年)四四頁以下。

(172) 松本・前掲論文(註170)八九頁。もっとも、この文意は、「一般的」権利能力とみることが無理なのか、「実体規定」とみることが無理なのかが、必ずしも明らかではない点を一応指摘しておく。

(173) 同判決においては、「会社は、……自然とひとしく、国家、地方公共団体、地域社会その他……の構成単位たる社会的実在」とされている。

(174) 最一小決平成八年一月三〇日民集五〇巻一号一九九頁・判時一五五五号三頁・判タ九〇〇号一六〇頁。光信一宏「判批」憲法判例百選Ⅱ〔第五版〕(二〇〇七年)八六‐八七頁。

(175) 木下智史「団体の憲法上の権利享有についての一考察——アメリカ合衆国における判例の展開を素材として——」神戸学院法学二二巻一号(一九九二年四月)三頁は、法人の人権享有主体性を肯定する論拠に関連して、法人擬制説的理由付けに比すれば、「……少なくとも憲法学界に限ってみれば、実在説的理由付けのほうが現在有力であるようにみえる」としている。

なお、木下が、右の法人実在説的理由付けに対する疑問の一つとして、「……法人が社会的に実在する存在であることから仮に私法上の法人格を認めることが私法政策上妥当とされるとしても、そこから直ちに憲法上の権利の享有についての結論が導かれるわけではない」としている。この点、本節は、私法上の理論をも参照して構成されているけれども、本節の狙いは、法人——法上のそれに限定されない——の実在性を、それが法以前に何らかの権利能力主体となり得るか否かを論拠として論証しようとするものであるから、かかる指摘は、少なくとも本節の狙いの限りでは、その構成の妥当性が問題になり得るものではないと思われることを、一応、付言しておく。

(176)

甲斐は、法人擬制説を妥当とすることの論拠の一つとして、近代自由主義憲法が個人を基礎とし、中間団体を否定したことを挙げている(甲斐素直「政治献金と企業責任」同『人権論の間隙』(信山社、二〇〇九年)九〇頁)。

けれども、抽象的一般的個人を国家の基礎とし、その他の主体を一切認めないとすることは、ある時代において一定の意義を果たしたとはいえるものの、そのような定式が今日何らの変容も受けずに妥当するか否かについては検討が必要であろうし、かつ、そのことのみを以って法人擬制説を採ることの論拠とするにはやや脆弱であるとの感を否めない。

そうしたことは、次のような整理からも示唆されよう。すなわち、「……一九世紀に入ると、人間が集合して「社会」を創るとき、人間の単純な総和以上の創発的(emergent)な要素が現れる側面に、光があてられてゆくことになる。また、逆に、一方的に独立自存の理想的存在として捉えられてきた個人が、実は決して孤立した存在として生きているのではなく、本来的に社会内存在であることが意識されてくる。そして、それを捨象してきたこれまでのあり方が、一八世紀の個人主義の行き過ぎとして、自覚される。……一度はその意義を否定され、またそれを取り上げるにしても、構成員たる諸「個人」単位に分析可能なものとされてきた団体一般が、ここでは無視できない positive(積極的＝実証的＝実定的)な存在と認められるようになってゆく。……このようにして抽象的な「集団」「団体」（広い意味で「社会」）一般が、法律論の「主体」として再び「発見」される。……だが、抽象的な団体一般への敵視が否定されなければ、これ〔＝「法人の人権」〕は論理的に許されない考え方のはずであて、「法人の人権」という定式への違和感の消滅は、抽象的な人一般の解放のプロジェクトそのものが、もはや真面目には受け取られなくなった思想状況を反映している」と。樋口編・前掲書（註36）一四三‐一四五頁〔石川健治執筆〕。

(177) 甲斐・前掲論文（註176）九〇‐九一頁。

(178) 甲斐が、この点を述べているのは、法人の人権享有主体性が自然人と同等には認められないとのコンテクストにおいてであり、それ自体はそもそも本章〔本書第3章〕の射程外であるものの、もっとも、著者の見解が、法人の人権享有主体性を自然人と同等に認めようとするものでないことを一応のところ付記しておく。

(179) 確かに、たとえば、株式会社組織において、取締役の行為が会社利益に相反するごとき場合には、株主総会の承認を得なければならないと規定されており（会社法三五六条）、このことが株主という構成員の権利利益に還元的なかたちで、会社が活動せねばならないことだとすると、なるほど、これは、団体の活動が構成員の権利利益に還元されねばならないことを意味しているように思える。だが、ここで還元されるべきところの構成員の権利利益とは、まさに株主という構成員固有の権利利益であって、自然人固有の権利利益ではない。さらにまた、株主という地位故の権利利益に還元されねばならないという要請は、団体システム一般から生ずるのではなく、株式会社システムから生ずるのであって、かかるシステムを離れたところで、このようなメカニズムが生じる必然性はない。

(180) 甲斐・前掲論文（註176）九一頁。

(181) 法人が自然人の権利実現の手段としてのみ把握されることと、自然人の集団の機能を自然人に還元せしめることを妥当でないとすることとが、いかにして整合的に了解可能かという問題が生ずることとなろう。

(182) たとえば、会社は営利追求を目的とする法人として性格付けることができ、これゆえに、会社それ自体も株主もまた、利益追求を目的とするものと思われるが、利益追求という目的とは別個に、ある会社の実在ないし存続そのものがある関係者にとって、アイデンティティの依拠先などとしての意義を有する場合が想定できる。かような想定はまた、かかる法人（団体）が学校組織などである場合には、益々容易なものとなり得よう。

（183）甲斐・前掲論文（註176）九五頁。

（184）大谷實『刑法講義総論』新版第二版（成文堂、二〇〇七年）一一九 - 一二〇頁。

（185）大判昭和一〇年一一月二五日刑集一四巻一二一七頁。

（186）最二小判昭和四〇年三月二六日刑集一九巻二号八三頁。

（187）大谷・前掲書（註184）一二〇頁。

（188）*Savigny, a.a.O (Anm. 165), S. 283.*

（189）ここでは代表という語を特に代理と区別して用いるものではないことを断っておく。というのも、法人の場合、代表という語を用いることが多いが、それは実質において代理と同義と解されているためである。

内田・前掲書（註162）一三二頁。

（190）Peuple 主権から命令的委任が帰結されるか否かは――この点については本章〔本書第3章〕においては特に立ち入らないが――、Peuple 主権をいかに理解するかに関わる問題であって、無論必然的に命令的委任と結び付くものではない。Peuple 主権が必ずしも命令的委任を要求するものではないとの理解を示すものとして、野中俊彦ほか『憲法Ⅰ』第三版（有斐閣、二〇〇一年）九一 - 九二頁〔高橋和之執筆〕。

（191）野中俊彦ほか『憲法Ⅱ』（有斐閣、一九九二年）一一頁〔高見勝利執筆〕。

（192）最一小判昭和四二年四月二〇日民集第二一巻三号六九七頁。

（193）内田・前掲書（註162）一四二頁。

（194）最一小判昭和三八年九月五日民集第一七巻八号九〇九頁。

（195）民法五条一項「未成年者が法律行為をするには、その法定代理人の同意を得なければならない。ただし、

(196) 単に権利を得、又は義務を免れる法律行為については、この限りでない」。民法八二四条「親権を行う者は、子の財産を管理し、かつ、その財産に関する法律行為についてその子を代表する。ただし、その子の行為を目的とする債務を生ずべき場合には、本人の同意を得なければならない」。

(197) 民法一三条三項「保佐人の同意を得なければならない行為について、保佐人が被保佐人の利益を害するおそれがないにもかかわらず同意をしないときは、家庭裁判所は、被保佐人の請求により、保佐人の同意に代わる許可を与えることができる」。民法一七条三項「補助人の同意を得なければならない行為について、補助人が被補助人の利益を害するおそれがないにもかかわらず同意をしないときは、家庭裁判所は、被補助人の請求により、補助人の同意に代わる許可を与えることができる」。

(198) もっとも、それ以前に代理人の行為が本人の利益に相反することがあってはならないことは論を俟たない。関係条文として、民法一〇八条（自己契約・双方代理の禁止）、民法八二六条（親権者の利益相反行為の禁止）、民法八六〇条（後見人の利益相反の禁止）がある。

(199) 本人にとって利益的であるかたちの代理人の意思なるものは、ある程度において措定し得るもののようにもみえるが、これもしかし、結局は本人に内在する意思のいかんに依拠せざるを得ない。

(200) ドイツ連邦共和国基本法一九条三項「基本権は、その性質上国内法人に適用されうるかぎり、これにも適用される」。

(201) 石川健治「公法における「人」の属性——憲法と「人の法」」公法研究七五号（二〇〇三年一〇月）五七頁以下においては、人権の享有主体性は、「憲法上の権利能力」の問題として、その享有主体の類型（未成年者、障害者等）による人権制約については、「憲法上の行為能力」の問題として論ぜられるべき旨が述べられている。なお、後者について、ここでは身分論の問題であるとして、天皇・皇族、外国人、法人等は峻別されている。

(202) 最大判昭和四五年六月二四日民集二四巻六号六二五頁・判時五九六号三頁・判タ二四九号一一六頁。評釈として、蒐原明「判批」憲法判例百選Ⅰ〔第五版〕（二〇〇七年）二四‐二五頁。

最三小判平成八年三月一九日民集五〇巻三号六一五頁・判時一五七一号一六頁・判タ九一四号六二頁。

（203）評釈として中島茂樹「判批」憲法判例百選Ⅰ〔第五版〕（二〇〇七年）八二‐八三頁。

（204）最一小判平成一四年四月二五日裁判所時報一三一四号一頁・判時一七八五号三一頁・判タ一〇九一号二一五頁・金判一一五三号三頁・裁判集民二〇六号二三三頁。評釈として古野豊秋「判批」ジュリ臨時増刊一二四六号九頁（平成一四年度重判）、織田博子「判批」私法判例リマークス（法律時報別冊）二七号一〇頁、編集部「判批」判タ一一〇八号四頁、浦部法穂「判批」判タ一一〇八号六頁、甲斐道太郎「判批」判タ一一〇八号九頁、河内宏「判批」判タ一一〇八号一二頁、山田創一「判批」判タ一一〇八号一六頁、瀧川裕英「判批」法時七五巻八号一三頁、西原博史「判批」法時七五巻八号四九頁。

（205）ちなみに、木下・前掲論文（註175）五頁中の註（1）は、従来から、「法人の人権享有主体性」というタームが用いられてきているが、憲法上の権利享有の有無は、制定法上の法人格の有無にかからしめられるものではないのだから、このような用語法は問題を孕んでいる旨を指摘している。

（206）法人の権利能力は、民法上においても限定的なものであることが明示されている。民法四三条「法人は、法令の規定に従い、定款又は寄附行為で定められた目的の範囲内において、権利を有し、義務を負う」。なお、この条文は、平成一八年改正（平成二〇年施行）により、現在では民法三四条に引き継がれている。民法三四条「法人は、法令の規定に従い、定款その他の基本約款で定められた目的の範囲内において、権利を有し、義務を負う」。

（207）会社たる法上の法人については、定款所定の目的に限局されないとして、税理士会たる法上の法人ばかりでなく、——南九州税理士会事件最高裁判決において民法四三条（現三四条）を援用して、「民法上の法人は、法令の規定に従い定款又は寄付行為で定められた目的の範囲内において権利を有し、義務を負う」とされていることから——民法上の法人と比しても、緩やかに解釈されているといえる。

（208）山田卓生ほか『民法Ⅰ——総則』第三版補訂版（有斐閣、二〇〇七年）八三頁〔河内宏執筆〕。

というのも、これは、本件控訴審における被告＝控訴人（司法書士会側）の主張が、ほぼそのまま採用されたものといえるものであって、本件拠出金を違法と認定した本件第一審においては、こうした論理は被告＝控訴人（司法書士会側）から主張されていなかったからである。

（209）群馬県司法書士会事件最高裁判決は、小法廷によるもので、判例変更ではないので、南九州税理士会事件最高裁判決の法理との整合性は、当然に問われる必要があるわけである。

（210）拙稿・第一論文四七‐四八頁［本書第1章第1節］。

（211）拙稿・第一論文七一頁中の註（36）［本書第1章第1節中の註］。

（212）拙稿・第一論文五五頁［本書第1章第2節］。

（213）関根二三夫「国家機関の法概念」憲法研究四一号（二〇〇九年六月）九八頁。関根は、「国家は、有機的人格体であるため、国家機関としての人格は存在せず、国家人格のみが存在する。国家機関に就任する自然人個人の人格は当然存在するにしても、国家機関としての人格は存在せず、国家と機関とは一体であり、両者の関係は代理関係とは異なる。代理関係においては、代理者も独立の人格体として存在するもので、被代理者の人格を構成する一部ではない」との見解を示している。

だが、国家それ自体（国家法人）は、国家機関の地位に就任する自然人に対して代理権を付与しており、かかる代理人は、その国家機関の名において国家それ自体（国家法人）の為に行為しているに過ぎない。だとすると、国家機関それ自体の人格の有無は、国家法人と国家機関に就任する自然人との代理関係を否定する要素とはなり得ない。このことは、国家と同様に法人格を有する会社と、その機関である代表取締役との関係というアナロジーを参照することでも明らかであろう。なお、法人（会社）と代表取締役との関係について、内田・前掲書（註162）一三二頁では、代理関係の一例として整理されている。

（214）拙稿・第一論文五七頁以下［本書第2章第1節］。*Isensee*, a.a.O (Anm. 6)., Rdnr. 45. P・キルヒホフもまた、「……明白なことは、国家の被構成性という基本原理が憲法文書の没落に至らしめず、後に続く憲法律を引き続いて有効なものとせしめてきたということである。制憲者によって眼前に見出された国家性は、構成されるという委託を含んでいる。憲法文書の失効は、未構成の国家――法的欠損、すなわち**Verfassung**に基づく求め――を後に残すのである」と述べている(*Kirchhof*, a. a. O (Anm. 63)., Rdnr. 70.)。

（215）たとえば、日本国籍を有する父母の間に日本で出生した子の場合、出生によって取得する国籍は、日本国籍以外のものではあり得ない。このような国籍取得の典型例においては、国家は、いわば「強制加入団体」として位置付けられ得よう。国籍法第二条参照。

「第二条　子は、次の場合には、日本国民とする。

一　出生の時に父又は母が日本国民であるとき。

二　出生前に死亡した父が死亡の時に日本国民であつたとき。

三　日本で生まれた場合において、父母がともに知れないとき、又は国籍を有しないとき」。

(216) 拙稿・第一論文四五頁以下、拙稿・第二論文一六六頁以下［本書第1章第1・2・3節］。

(217) 〝憲法の前提条件〟の観念については、さしあたり、Vgl. *Krüger*, a.a.O (Anm. 17).

(218) 拙稿・第一論文四九頁以下［第1章第3節1］。*Isensee*, a.a.O (Anm. 6), Rdnr. 21-22. 同趣旨として、小嶋・前掲書（註70）五〇四頁。

(219) *Isensee*, a. a. O (Anm. 6), Rdnr. 23. イーゼンゼーに拠れば、これゆえに、国家哲学の必要性が説かれる。

(220) *Isensee*, a. a. O (Anm. 6), Rdnr. 33.

(221) *Isensee*, a. a. O (Anm. 6), Rdnr. 33.

(222) *Krüger*, a. a. O (Anm. 17), S. 288.

(223) この歴史性というのは、実は、憲法の規範力とも関係している。K・ヘッセに拠れば、憲法の規範力は、①実現可能性と、②現実的意思に依拠しており、前者に関しては、「憲法上の諸命題が、所与の歴史的状況と関連性を持ち、かつ、すでに現代の個別的状況の中に置かれている事態を維持し発展させようとすればするほど、それだけ早くその規範的効力を発揮することができる」とされている。*Konrad Hesse*, Grundzüge des Verfassungsrechts der Bundesrepublik Deutschland, Neudruck der 20. Aufl, Heidelberg, C. F. Müller Verlag, 1999, Rdnr. 43 ff; K・ヘッセ（初宿正典・赤坂幸一訳）『ドイツ憲法の基本的特質』（成文堂、二〇〇六年）二四頁以下。

(224) *Isensee*, a. a. O (Anm. 6), Rdnr. 105ff.

(225) 拙稿・第一論文五三-五四頁［本書第1章第3節2］。

(226) *Isensee*, a. a. O (Anm. 6), Rdnr. 134.
(227) 拙稿・第一論文五四頁［本書第1章第3節2］。
(228) *Isensee*, a. a. O (Anm. 6), Rdnr. 126.
(229) イーゼンゼー・前掲書（註15）「法的・前法的国民」四〇八-四〇九頁。
(230) *Isensee*, a. a. O (Anm. 6), Rdnr. 134.
(231) 百地・前掲論文（註87）八三頁。同旨として、同・前掲書（註87）二七頁。

第4章　国家の本質をめぐる三理論の素描と比較

第1節　国家有機体説の素描

国家有機体説は、一九世紀ドイツにおいて流行した国家理論であり、その論者によって様々に異なる点があるけれども、かかる論の共通特徴につき、さしあたり西浦公の整理するところから、とりわけ次の二点を挙げておきたい。

①「……国家は団体として把握され、しかもこの団体は、個人の実在のみを承認する個人主義的団体観念によってではなく、……国家は、……その構成員の個別的意思から独立した『総体意思』をもって実在する自立的統一体であり、……」、本源的全体たる国家は、「……ロマン主義的歴史法学によって定式化された『国民共同体（Volksgemeinschaft）』に内在するものとされ、従って、……『総体意思』は『国民意思（Volkswille）』あるいは『国民精神（Volksgeist）』に内在するものとされる」(232)。

②「この『国家的総体人格』は道具、装置、機構ではなく、生きている生活統一体、すなわち、『生命ある存在（Lebewesen）』として絶対的自立性をもって存在するのである」(233)。

こうした国家有機体説の基底に存するとされる歴史法学は、F・C・v・サヴィニーによって創始されたものであり、法学方法論として歴史研究を強調するものであるといわれる。彼によれば、真に歴史的な方法とは、「……与えられた素材について、これが被ってきた一切の転変を追跡し、フォルクの本性・運命・欲求に基づく成立にまで遡る」ことであるとされ、かつ、彼における法の歴史的生成論の説くところ、法は、言語、習俗、国制などと同じく、かかるフォルクに固有の特徴を備えており、また法の成立には、そのような共通性が必要条件として欠かせない(234)。

周知されているように、サヴィニーの歴史法学は、主としてA・F・J・ティボーとの間での一九世紀ドイツの法典編纂論争という極めて現実的・実践的な課題において出現したものである。かかる法典編纂論争は、サヴィニーに代表されるゲルマニステン対ティボーなどのロマニステンという対立構図を示した。このなかで、ロマニステンは、ゲルマン法を廃してローマ法の影響の下にドイツにおける統一民法典編纂の必要性を主張した。これに対して、ゲルマニステンは、そのような統一民法典編纂を時期尚早としてゲルマン民族固有の（慣習）法を擁護したのであった。このことから理解できるのは、歴史法学は、抽象的国家像ではなくて優れて具体的・個別的国家像を意識したものであり、かかる国家像との密接な連関において法を把握しようとする法理論であるということであろう。そして、そのゆえに、かかるものとしての歴史法学を基底に据える国家有機体説もまた、国家を「……歴史、伝統、文化を背景にもつ具体的な国民によって構成されている共同体つまり有機的共同体」(235)であると説明するものとして理解されている。

さらに、国家を、「道具、装置、機構」としてではなく、「生きている生活統一体、すなわち、『生命ある存在（Lebewesen）』」として了解することは、多くの場合、国家を、一定の目的達成の単なる手段としてではなくて、それ自体に重要性が見出されるものとして観念する論へと繋がりゆくこととなる。

第2節　国家有機体説と国家法人説

1　国家機関人格と代理関係

国家が法人であるということと、国家有機体説の論理との間には、何ら矛盾は生じないであろうし、現実的にも理論的にも、国家の法人性は承認せざるを得ないだろう(236)。そして国家有機体説もまた、「総体意思」が帰属するところのものとしての「国家的総体人格」を認めている(237)。ところが、栗城壽夫によっても指摘されているように、そもそも「国家法人説の特質は、国家の独自の人格を主張したところにあるのではなく、自然法論や有機体思想が国家の人格の基礎においていた国民の人格を否定して、国家の人格のみを主張したところにある」(238)。したがって、国家有機体説が国家法人説と決定的に袂を分かつと思われるのは、前者が国家内の諸分肢ないし機関について人格を観念しているところにある(239)。そこでは、本源的統一的共同体としての広義の国民、及び、君主以外の国家構成員としての狭義の国民のそれぞれに、人格が与えられる(240)。このような機関人格の観念は、国家法人説の立場からは、そもそも〃国家機関――機関担当者〃の別が認識されていないとの批判(241)、あるいは、次のような批判を受け得る。

「機関そのものは、国家と異なって人格をもたない。なんらかの法的な相互関係に立つ国家人格と機関人格という二つの人格は存在しない。むしろ国家と機関とは一体である。……だから、機関関係は、どのような種類の代理とも異なる。被代理人と代理人はつねに二個の人格であり、それにとどまり、団体と機関はつねに唯一の人格であり、それにとどまる」。(242)

したがって、G・イェリネクにおいては、①「……機関は固有の権利をもたず、単に国家の権限をもつにすぎない。ゆえにこの権限はまた機関を担う人格の権利でもあり得ない」が、他方で、②「……機関地位がつねに個人によって担われることはいうまでもない。しかしその個人が機関に同化することは決してあり得ない。したがって、国家と機関の担当者とは、二つの異なった人格であって、両者の間にはさまざまな法関係が存在しうるし、また存在せざるを得ない。たとえば、官吏の国家に対する一切の権利・義務は、国家機関としての権利・義務ではなくて、機関の担当者としての権利・義務である。俸給を受け取るのは、機関担当者であって、機関ではない。同様に綱紀上の罰は、機関の担い手だけを対象とし、機関を対象とすることはできない」とされる(243)。ここで国家機関の権限が機関担当者の権利ではないことが示される必要性というのは(上記①)、――彼自身もまた述べるように——国家を君主の私的財産とみる家産国家論に対する警戒からである(244)。

なるほど確かに、機関訴訟で問題となり得るような機関権限(245)と、機関担当者の俸給請求権などの個人権との区別は必要であろう。しかしながら、機関権限が機関それ自体に属し、個人権が機関担当者に属するといっても、イェリネク自身が「機関地位がつねに個人によって担われることはいうまでもない」(上記②)と説明するように、いずれにせよ、機関権限も機関担当者の個人権も、機関担当者によって行使される。このような〝機関——機関担当者〟の関係は、自然人による意思表明に拠らざるを得ないという次の点において、〝法人(団体)——機関〟との関係に同様である。すなわち、〝法人(団体)——機関〟においてもまた、法人ないし団体の(統一的)意思が法人ないし団体それ自体によって表明されることが不可能であり、常にかかる法人ないし団体の機関に就く自然人によって表明されることを要するということである(246)。こうした論理が、〝機関——機関担当者〟の関係においても妥当することで、機関それ自体もまた、自然人を通じることなく、その意思を表明することはできないという帰結を必然的に導くことになる。

だとすれば、国家機関が国家それ自体‖国家法人と一体であり、国家機関には人格を観念し得ず、それゆえに、ここにおいて代理関係を認められ得ないとしても、国家それ自体‖国家法人とかかる機関に就任する自然人との間においては、その両者において人格が認められるために、ここにおいて代理関係を観念することが可能となるのではあるまいか。しかも、法人はそれ自体としては意思を有し得ても、かかる機関に就任する自然人を通じてしかこれを表示することができないのであるから、かかる自然人が法人それ自体の組織ないし構造とは無関係であるとは言えなかろう。このことが認められるならば、国家法人説において国家法人以外の人格を否定していることは、その限りで謬論を含んでいると言える。

ちなみに、国家法人説的立場における国家以外の人格の否定、あるいは、国家機関人格の否定という論理は、イェリネクが「法概念としての国家」を検討している中で、「権利関係としての国家」という理論が欠陥を含むものであると評価していることの論拠とも適合的なものとして位置付けることが可能であろう。

「また実際においても、この理論〔=権利関係としての国家という理論〕は対外的に行動する国家を説明し得ないから、いたるところで挫折する。国際法上の諸関係は権利関係の関係のなかに解消することができないのである。権利関係は権利および義務をもつことができない。権利関係は戦いを宣し条約を締結することができない。連邦法は、関係説からすれば不合理となる。連邦参議院はドイツ帝国憲法第七六条により支分国の提起する支分国間の公法上の争いを解決する権限を有する。どうしてある権利関係が他の権利関係と争うことが可能であり、またどうして第三の権利関係が両者を裁くことができるであろうか。同じ問題は、国家の内部において諸団体がその相互の権利について争う場合に、繰り返される」。(247)

権利関係とは、むろん、権利能力主体――要するに人格――相互の関係である。であるから、国家をかような権利関係として把握することを拒絶するのは、同時に、国家を構成する諸分肢たる国家機関の人格否定という論理に接続の途を開放するわけである。かかる論は、まさに国家それ自体を権利能力主体――要するに法人――として観念することのために、「権利関係は権利および義務を持つことができない」がゆえに生ずるものでもあろう。けれども、国家内の諸分肢たる国家機関等の権利関係が国家そのものではないとしても、かような権利関係が存し、あるいは、それゆえに、一法人内部において、かかる権利主体ないし人格相互の関係を観念することが直ちに国家そのものの法人性の否定に通ずるものとは考えられない。

2　国民人格否定の論理

そもそも国家法人説における国民人格の否定の論理は、①「国家機関としての議会と被治者の全体という意味での国民との関連を切断すること」、②「国民全体の福祉という法的原理による国家権力の拘束を否定すること」の二つの機能を営んだとされる(248)。このことは、現実の政治生活における立憲主義・民主主義の進展を反映しているとされ、「……立法その他の国政への国民代表議会の参与の強化により、法的原理としての国民全体の福祉によって法的に国家権力を拘束する必要がないと考えられるにいたった」(249)ことが関係していると言われる。

確かに、現実の政治生活において制度として立憲主義・民主主義が発展ないし定着することは、〝国家権力に対する「国民」を根拠とした拘束〟を説く論を次第に後退させる要因となり得よう。これは、国家有機体説の中でも特に、(既存の国家権力ないし国家機関に対し国民代表議会が抑制的機能を営むこと企図する)〝意思的モーメントにおける国民〟(250)を重視する立場の啓蒙的役割の希薄化を意味している。したがって、現実の政治生活における立憲的・民主的意味の充足が、国家有機体説に代わる(あるいは対峙する)論理──国家法人説における国民人格の否定の論理──の受容を容易にする土壌をかえって形成したのであろう。

しかしながら、このような背景に誘因をもち得る次のような思考様式を想定することができよう。すなわち、国民代表議会が、既存の国家権力ないし国家機関に対して単に抑制的機能を営むものとしてではなくて、立憲的・民主的システムの現実における定着ないし発展の程度に応じて、国民代表議会もまた、これまでの既存の国家権力ないし国家機関と同様に扱われ、かつ、その一翼を担うものとして把握されるという理解である。かかる理解に立てば、むしろ、国民代表議会もまた一国家機関ないし一国家権力として統制を受けるべき対象として考察されるべきものとなるのではなかろうか。確かに国家有機体説における〝意思的モーメントにおける国民〟ばかりに力点が置かれるのであれば、「……国民代表議会の参与の強化により、……国家権力を拘束する必要がないと考えられるにいた〔る〕」ことも確かであり得る。しかし、ひとたび現実の政治生活ないし政治システムにおいて立憲的・民主的意味の充足ないし定着をみたかかる場合にこそ、特に国家有機体説における〝規範的モーメントにおける国民〟概念が、その機能を果たすべきではなかろうか。要するに、国民代表議会もまた、（規範的モーメントにおける）「国民」の統制を受ける国家機関として位置付けられるべきということである。このようにして、現実の政治生活における立憲的・民主的意味の充足という背景は、国家法人説における国民人格否定の論理が果たす特に上記②のごとき機能とは、反対の機能を営むこともまた想定できるのである。

ところで、問題構成の異なるところであるけれども、これに類似の論理を主張していると思われるのは、戦後の国民主権論争の中でノモス主権論を展開した尾高朝雄である。彼は、E・J・シェイエスの憲法制定権力としての主権概念について懐疑的に言及しつつも(251)、主権概念が、①君主主権として説かれる場合に、「近世の国民国家の中央集権を確立するのに大いに役立った」こと、②国民主権として説かれる場合に、「近代国家の内部組織を民主主義化する理念的な根拠となった」ことという「歴史上の役割」を認めた上で(252)、しかし次のように論ずる。

「……主権の概念、特に主権を最高絶対の力と見る概念が歴史上大きな役割を演じたことを認めるのは、正にそれが「歴史的」な役割であったことを認めることでなければならない。……ところで、この国民主権の概念も、それがすべての法の上にある絶対の力としてとらえられているかぎり、やはり歴史の産物であり、専制主義の打倒という役割をはたしてしまえば、歴史とともにすぎ去り行くべき運命に置かれているのである。……〔ナチス独裁政権の例においても示されている通りであるが、〕故に、主権は国民に存するといっても、その主権をば、国民の意志ならば何ごとをもなし得るという絶対自由の絶対権と解する見解を、今日いまだ公理として認めるということは、決して歴史の手痛い体験を活かす所以ではない」。(253)

要するに、現実の憲法生活・政治生活において立憲主義的・民主主義的制度が定着をみたところでは、国家有機体説の文脈における〝意思的モーメントにおける国民〟概念にしろ、国民主権論の文脈における主権概念の絶対性にしろ、かかる制度とその適切な実態を保護する以上に強調される必要性は最早そこまで高いものではないということである。したがって、そうしたところにおいては、〝意思的モーメントにおける国民〟概念は、その啓蒙的役割を終え、むしろ、〝規範的モーメントにおける国民〟概念の復権が、国民代表議会と政治プロセスに参与するようになった選挙人団としての国民という両国家機関を規律するために求められるのではないだろうか。

第3節　国家有機体説と国家機械論

1　国家有機体説と国家機械論の対立点

国家機械論の典型として理解されているのがT・ホッブズの所説であろう。国家機械論は、国家を――人間が作る他の機械と同様に――人工装置として考察するものをいう。こうした国家観は、何らの歴史的文脈を欠いて登場したものではなくて、一七世紀における様々なものの機械化という科学技術の発展に誘因があった。要するに、メカニズムの原理を——元々その説明の対象である——機械それ自体を超えて、人間そして国家にまで適用して、これを把握するという試みであったということである。こうした理解は、『リヴァイアサン』序説における次のホッブズの言辞において看取することができる。

「自然（神がそれによってこの世界をつくったし、それによってこの世界を統治している、その技術）は、人間の技術によって、他のおおくのものごとにおいてのように、人工的動物をつくりうるということにおいても、模倣される。すなわち、生命は四肢の運動にほかならず、その運動のはじまりが、内部のある主要な部分にある、ということをみれば、すべての自動機械 Automata（時計がそうするように発条と車でみずから動く機関）が、人工の生命をもっているといると、われわれがいってはいけないわけがあろうか。心臓は何かといえば、ひとつの発条にほかならず、神経はといえば、それだけの数の紐にほかならず、そして関節は、それだけの数の車にほかならず、これらが全身体に、製作者 Artificer によって意図されたとおりの運動を、与えるのではないだろうか。技術はさらにすすんで、自然の理性的でもっとすぐれた作品である、人間を模倣する。すなわち、技術によって、コモン - ウェルスあるいは国家（ラテン語で

はキウィタス）とよばれる、あの偉大なリヴァイアサンが、創造されるのであり、それは人工的人間にほかならない」。(254)

かかる国家機械論は、――機械を人為的に制作されたものと観察するように――国家を人為的に設立されたものとして捉える社会契約論と接続している(255)。

「……ひとつのコモン‐ウェルスが、設立されたといわれるのは、人びとの群集の、各人と各人とが、つぎのように協定し信約するばあいである。すなわち、かれらすべての人格を表現 **Present** する権利（いいかえれば、かれらの代表 **Representative** となること）を、多数派が、どの人または人びとの合議体に与えるとしても、それに反対して投票したものも賛成して投票したものとおなじく、各人は、かれらのあいだで平和に生活し、他の人びとに対して保護してもらうために、その人または人びとの合議体のすべての行為や判断を、それらがちょうどかれ自身のものであるかのように、権威づける、ということである」。(256)

こうした国家機械論（社会契約論）は、さきに概観したような国家有機体説とは、相容れない構成を採っている。それにも関わらず、国家有機体説の代表的論者であるE・バークにおいて、「国家構造」を「社会の約束と契約」として据えられ(257)、国家が契約によって成立する旨が示されているのは興味深い。しかし、国家成立の契機として観念されるバークにおける契約観は、近代の社会契約論に共通のそれとは異なっている。すなわち、バークにおいては、次のように論ぜられている。

「社会は、まさしくひとつの契約である。たんなる偶然的な利害の諸対象についての従属的諸契約は、すきなように解消していい。しかし、国家は、こしょうやコーヒーやキャラコやたばこの貿易や、その他このような低級な事業における、合同事業協定とかわりなく、ちいさな一時的利益のためにつくられ、当事者の気ままによって解消されるべきものと、みなされてはならない。なぜなら、それは、一時的でほろびゆく性質の粗野な動物的存在のみに役だつものごとにおける、合同事業ではないからである。それは、すべての科学における合同事業であり、すべての学芸における合同事業、あらゆる徳、まったくの完成における、合同事業である」(258)。

これは合理主義的契約観ではない。さらには、かかる契約締結当事者とも言うべき主体は、過去・現在・未来の人々がそうであり、すなわち、過去から未来へと継受されるような国制ないし国家構造が正当なのであるとされることから、これは没歴史的契約観でもない(259)。

いずれにせよ、第一に、国家機械論（社会契約論）においては、国家をして人為的に設立され、個々の部品によってのみ作動する人工装置であるとし、他方、国家有機体説においては、その構成員とは独立の国家それ自体を意思主体と理解している点において差異が存するということである。第二に、そうした国家像において前提とされる個人像は、国家機械論（社会契約説）においては、アトム的個人像という抽象的個人像に留まる。国家機械論（社会契約説）は、具体的人間から様々の特質を捨象し、およそ人間性に共通する一般的性質を描くことについては有用であろうが、しかし、その限りでの人間像のみの理解がどこまでの意義を併せもつかについては検討の余地がある。他方で、国家有機体説における人間像は、具体的・個別的国家における歴史的背景を前提とした国民像を観念している。

2　国家機械論における現象説明力

成文（成典）憲法は、国家構造――あるいは、少なくともその部分像――を示すものである。そして、イーゼンゼーが説くように、成文（成典）憲法が抽象的国家ではなく、常に特定の具体的・個別的国家のために与えられているものであるとしたら(260)、ある成文（成典）憲法が対象とするところの特定の具体的・個別的国家を把握するためには、国家機械論（社会契約説）的構成よりも、国家有機体説的構成の方が優れているように思える。ところが、前叙［本書第1章第3節2］にもあるように、「……戦後もわが国において広く支持されているのは社会契約説である」とされ、日本国憲法の前文はJ・ロックの国政信託論を想起させ、社会契約説的思想に立脚しているとされる(261)。

かようにして国家機械論（社会契約説）が支配的地位を占めているのは、日本国憲法が社会契約説的思想に立脚しているという単なるミクロ的ないし個別的背景に起因しているだけではなく、両説の論理構造に内在的な一般的な事情を否定できないことに拠っているところもあろう。国家有機体説とは、要するに、生物学において、「有機体に固有の原理を、物質的要素とはまったく異質なものとして探究するところに……生じる」(262)とされる生気論――その対峙的枠組みは、まさに機械論であるが――を背景にもつ思想、ないし、その応用形態である。こうした生気論については、解剖学的に実定できない要素に生命原理を求めており、かかる生命原理は機械的運動に解消できないと論ずるために、「どのようにしても機械論とは和解することはできない」とされる(263)。そのような生気論とそれに対峙する機械論の「現象の説明力」にあっては、――今日の科学の中で機械論の優勢のゆえではないと言われるものの――「機械というモデルの設定が実にうまい設定」であり、機械論が圧倒的に有利とされ(264)、おそらくはここに生気論の弱点を見出すことができる。かかる現象説明力の優位性は、第一に、機械の進化に応じて機械論の説明力が高度になるということ、そして第二に、機械は人間の身体機能の代替あるいは客観化である――シャベルが人間の手の代替ないし客観化であるように――ばかりでなく、それが「過剰代替」の事態に至るのはしばしばであるから、「機械という拡大鏡を用いて生命機能を観察する以上、機械論は当初より有利な位置にいる」ことに拠っていると説明される(265)。

けれども、機械論の優位性は、単なる現象説明力における限りのものである。さらには、生気論において生命原理が解剖学的に実定できないことも何ら不利なことではないとされる(266)。というのも、第一に、力は――有機体内の、あるいは、有機体的な力もそうだが――、空間内の存在ではなくて、むしろ、物質を空間内にもたらす原理ないし物質を空間化する原理であるため、解剖学的に実定できるはずがないからである。また第二に、力学には弾力性があり、化学には親和力があるとされるが、元素を分解してもこれらの力を実見することはできない。このことは、「経験科学的探究が無前提に進行できない以上、経験科学的探究によっては説明されないなんらかの前提が残る、という事態に対応している」。後者の点は、A・ショウペンハウエルにおいてもまた、いみじくも次のように述べられていることに関係しよう。

「われわれのあらゆる認識と科学とがその上に乗って支えられている基礎は、説明不可能なものである。だから、いかなる説明も、多かれ少なかれいくつかの中間項目を通ってさかのぼりながら、結局はこの説明不可能なものにゆきつくわけである」(267)。

要するに、機械論と生気論の対立構図における主たる争点ないし生気論の特質として考えられるのは、有機構成によってもたらされる生命現象が各物質的要素の物理的ないし化学的性質に還元し得ないとする〝最基底還元主義の放棄〟にある(268)。すなわち、「……要素の代数和は全体とはなら〔ない〕」(269)ことを意味している。これを国家論に符合せしめていえば、たとえば、目下あるいは個別の国家機関意思、または、国家を構成するとされる成文（成典）憲法の個別条項に完全に還元し得ないものが、国家を構成しているところがあることを承認する要請となる(270)。これゆえにこそ、前叙においてみたように、国家有機体説において構成員の意思からは独立した総体意思が観念されるのではなかろうか。

第４節　国家意思と成文（成典）憲法

ひるがえって国家有機体説においては、「法律」は国家意思の定式化として観念されるために、その形成――すなわち、国家の立法機能――は、「……『法律』が表明する国家意思が国家内部の何らかの部分意思ではなく国家的全体意思であるが故に、何らかの分肢にではなく諸分肢の全体に帰属するのであ〔り〕、機関として位置付けられる、かかる諸分肢は、「……国家的全体意思の表示と実現に参与する地位にあ〔る〕」ものとして整理される(271)。しかしながら、ここで注意を要するのは、国家の立法機能、ないし、それがなすところの「法律」は、「国家意思の定式化」であって、国家意思それ自体、ないし、その形成ではないということである(272)。「従って、……『法律』は、……与えられた国家意思を適切に定式化するという内容の充足をも果たさなければならない。そしてここで『法律』の内容として与えられるものとは、……『国民共同体』が本来的に有している『理念』であり、……かかるものとしての『国家目的』である」(273)とされる。

社会契約論的構成における国家像は、具体的・個別的な国家像・国民像を捨象し、抽象的個人を前提とする抽象的国家像である。けれども、国家有機体説的構成における国家像は、具体的・個別的国家像を念頭に置いている。だとすれば、国家有機体説的構成における〃国家意思の定式化〃が前提としなければならない国家（的全体）意思もまた具体的・個別的国家像に照応するものとなる。そのような国家（的全体）意思は、成文（成典）憲法において首尾よく表出されている場合もあり得よう。しかし、すでにみたように国家の前憲法性が論理的に確認され、継受の憲法理論が採られ(274)、かつまた、国家意思（その法的側面に即して言えば国家法人意思(275)）が前憲法的なるものとしての国家と規範的なるものとしての成文（成典）憲法との相互作用の中において見出されるべきものだとすると(276)、成文（成典）憲法の文理に拘泥すべきでない場合もまたあり得る。したがって、「法律」が国家意思の定式化であり、また、それに過ぎないという国家有機体説における構図は、成文（成典）憲法について特に妥当しよう。

国家意思の定式化たる法律の内容として与えられるものは、国民共同体としての理念であり、これは国家目的として把握されるといわれる。前叙においてみたように国家有機体説構成において具体的・個別的国家像が前提とされるのであれば、前憲法的なるものとしての国家意思ないし国家目的は、普遍的性質を有する近代立憲主義的価値としての権利（人権・自由）保障に局限されるものではなかろう。すなわち、それを超えたところのものとは、「……史実上、いかなる要素を以って、かかる具体的国家たり得てきたかという問題」であり、換言すれば、「……正に具体的国家及びかかる国民のアイデンティティに関するもの」(277)である。機械論的国家観を内包する社会契約説を基底に据える自然法論においてさえも、一八世紀中葉以降のドイツ自然法論を検討する論稿に拠れば、「しかし、立ち入って検討してみると、国家目的を権利・自由の保障に限定する考え方は、それほど一般的ではな［い］」(278)ものとして理解されている。

国家目的ないし国家意思には、ほとんどいかなる国家においても一般的に妥当し得るようなもので、しかも何らかの合理的内容――例えばよく語られるところでは「安全」のような(279)――が含まれることは確かである。しかし、当該の具体的・個別的国家を構成するもの――すなわち国家構造――については、あまねく国家に一般的に妥当する構造は存在するか否か疑わしいし、さらには、合理的説明を付することすらほとんど可能ではないものもある。たとえば、ある個別・具体的な国家における〝国民（Nation）〟のメルクマールは、その典型例であろう。このことについて、イーゼンゼーは、次のように述べている。

「なぜある人間の集団が、他のすべてを排除して、国民（Nation）と理解されるのかということは合理的に論じることはできない。……国民については、憲法国家の合理主義の要請を免れる、人間の非合理的な要求があらわれる。すなわち、この要求は、……他の集団から（実際上または推定上）きわだつ集団の特異性が決め手となる要求である。……国民は、すべての人間に認められる法的平等を考慮するのではなく、ある集団内部の真の平等と、外とのメルクマールとしての機能をもつ特定の属性の共通性を考慮する」(280)。

国家構造なくして国家は成立し得ないし、他のいかなる国家目的ないし国家意思も実現し得ないこととなる。しかも、ある特定の国家構造において、より一般的・合理的な国家目的ないし国家意思の実現を促進する可能性があるのであれば、なおさらに、少なくとも成文（成典）憲法あるいはその下における国家機関意思のみにしか根拠を求め得ない国家目的ないし国家意思よりも高次の段階において、かかる国家構造は根拠付けられ、これゆえに保護されねばならない。

第5節　小　括

抽象的・一般的に国家を把握するに際し、国家法人説も国家機械論も一定の役割を果たし得ることは否定できない。現に、国家有機体説を支持する見解においても、社会契約説の主張する国家とは政府のことであり、国家有機体説のいう国家は国民共同体としての国家であるとして[281]、社会契約説（国家機械論）に一定の機能が認められている。しかし、そうであるとしても、かかる見解において「……国家有機体説の主張する国家論こそが、まさに『国家の本質』を言い当てたもの」[282]と論じられ、あるいは、前叙［第1章第3節2、第2章第3節］において触れたように成文（成典）憲法が特定の具体的・個別的国家のために与えられているがゆえに、それを扱う憲法学における国家に関する考究は、一般的・抽象的なものに留まるべきではなかろう。

本章［本書第4章］の検討の中では、国家法人説の検討において、国家機関に就任する自然人と国家法人との間には、代理関係が認められるとしたが、このことは、特定の法人機関がかかる法人の目的に沿って活動し、法人意思の表示者であらざるを得ないことと関係している(283)。また、国家有機体説の特徴の一つに、構成員から独立した国家意思を肯定する点がある。このような国家意思は、国家有機体説が歴史的文脈を重視するものであるのだから、あまねく国家に妥当する抽象的・一般的内容のみならず、具体的・個別的国家の特殊性を反映した内容を含むことができると言える。ところで著者は、前叙［本書第3章第3節］において——国家機関意思とは区別される国家法人意思の探求方法を検討した文脈において補論的に——(284)、国家意思には普遍性を有するものと、特殊性を有するものとがあり得ると論じたが、この点、国家有機体説は、特殊性を有する国家意思の主体であるところの国家を捕捉するためには、適合的であると言えよう。国家有機体説は、国家本質論の理論の型として、これらのゆえにこそ、具体的・個別的国家の像を描くにふさわしいわけである。

本章［第4章］における検討は、主として特定の具体的・個別的国家を描く国家本質論の型として国家有機体説が最適性を備えるものであることをいくつかの側面から整理及び確認することを主たる目的としたものであるので、この限りにおいては一応の検討を尽くしたものとも思われる。したがって、次章［第5章］では、視点をひるがえして、再び前憲法的なるものとしての国家を射程に入れる。その際には、国家を〝憲法の前提条件〟という枠組みの下において捉えるH・クリューガーの所説が検討されることになる。

註

(232) 西浦公「国家有機体説における憲法理論」法学雑誌二二巻九号（一九七五年一一月）二三七頁。これはギールケの所説を基底に据える理解であるが、これゆえに、ギールケにおいては法人実在説が採られる。この点、拙稿・第三論文八七頁［本書第3章第1節2］参照。

(233) 西浦・前掲論文（註232）二三七-二三八頁。

(234) *Friedrich Carl von Savigny*, Vom Beruf unserer Zeit für Gesetzgebung und Rechtswissenschaft, 1814 Heidelberg, in: Thibaut und Savigny. Ihre programmatischen Schriften. Mit einer Einführung von Hans Hattenhauer, München 1973, S. 8. 併せて、耳野健二『サヴィニーの法思考――ドイツ近代法学における体系の概念』（未来社、一九九八年）一七四-一七五頁・一八二頁以下参照。

(235) 百地・前掲論文（註87）八一頁。

(236) 拙稿・第一論文五五頁、拙稿・第二論文一六六頁［本書第1章第2節］。

(237) 西浦・前掲論文（註232）二三七頁。

(238) 栗城・前掲論文（註23）二〇八頁。このほか、同旨として栗城壽夫「一九世紀ドイツ国家有機体論における国民（Volk）思想の機能」同『一九世紀ドイツ憲法理論の研究』（信山社、一九九七年）三三二頁。

(239) *Edmund Bernatzik*, Kritische Studien über den Begriff der juristischen Person und über die juristische Persönlichkeit der Behörden insbesondere, in: AöR., Bd. 5., 1890, S. 275 ff.; *Hugo Preuss*, Über Organpersönlichkeit, in: Schmollers Jahrbuch., Jg. 16., 1902, S. 577 ff. 併せて、西浦・前掲論文（註232）二

五八-二六〇頁参照。ただし、ギールケにおいては機関人格の観念は否定されているようである。

(240) 栗城（一九九七）・前掲論文（註238）三〇六-三〇七頁に拠れば、次のように整理される。すなわち、初期国家有機体論者シェリングやA・ミュラーにおいては、国家=有機体として捉えられ、国家と国民とが明確に区分されていなかったが、その後、国民概念を重視する国家有機体論がみられるようになる。これはロテックやF・ムールハルトによれば、君主主権のもとで国民が議会を通じて協働し始めた背景が存在している。F・ビューラオは、有機体としての国民を公的権力の源泉とし、これは政府と議会によって代表されるとする。ここで言われる国民とは、政府といわゆる国民が意味されている。J・C・ブルンチュリは、有機体全体たる国民から法と国家生活が発源するとし、結合の自覚によって国民が国家に転化すると説明する。K・H・L・ペーリッツにおいても国家と国民との同一性が承認され、G・ヴァイツにおいては君主と国民をもって国家とし、これを広義の国民としている。

(241) 西浦・前掲論文（註232）二六〇頁中註（5）。

(242) *Jellinek*, a. a. O (Anm. 158)., S. 559 -560. 芦部ほか訳・前掲書（註158）四五〇頁。

(243) *Jellinek*, a. a. O (Anm. 158)., S. 561-562. 芦部ほか訳・前掲書（註158）四五〇-四五一頁。

(244) *Jellinek*, a. a. O (Anm. 158)., S. 563. 芦部ほか訳・前掲書（註158）四五一頁。

(245) *Jellinek*, a. a. O (Anm. 158)., S. 560-561. 芦部ほか訳・前掲書（註158）四五〇頁においては、「[機関間の権限紛争にかかる訴訟においては、] ……国家は形式的には、自己の機関に訴訟当事者の役を割りあてはする。……機関間の一切の法的争議は、同一の法主体の内部での権限争議なわけである。あるのはつねに客観的法についての争議のみであって、主観的権利についての争いでは決してない」とされる。

(246) 拙稿・第三論文九四頁［本書第3章第2節］。

(247) *Jellinek* a. a. O (Anm. 158)., S. 169. 芦部ほか訳・前掲書（註158）一二八頁。ここでは、「法概念としての国家」として、「権利客体としての国家」、「権利関係としての国家」及び「権利主体としての国家」という三種の論が説明・検討されている。

(248) 栗城（一九九七）・前掲論文（註238）三三三頁。

(249) 栗城（一九九七）・前掲論文（註238）三三三-三三四頁。

(250) 栗城においては、国家有機体説における種々の国民概念が営んだ機能に応じて、〝意思的モーメントにおける国民〟及び〝規範的モーメントにおける国民〟とにカテゴライズされる。

(251) 尾高朝雄『国民主権と天皇制』（青林書院、一九四七年）四八頁以下。

(252) 尾高・前掲書（注251）五〇-五四頁（特に五〇-五一頁）。

(253) 尾高・前掲書（注251）五四-五五頁。

(254) T・ホッブズ（水田洋訳）『リヴァイアサン（一）』改訳（岩波書店、一九九二年）三七頁〔序説〕。

(255) ちなみに、社会契約論的思惟にあるように、かかる契約が国家を樹立させ、成文（成典）憲法が国家を構成するのであれば、憲法は一種の大掛りな契約であるという発想があり得るが、長谷部恭男『Interactive憲法』（有斐閣、二〇〇六年）八九頁以下においては、次のような理由から憲法を契約と見ることは誤りであると指摘するR・ハーディン（Russell Hardin, *Liberalism, Constitutionalism, and Democracy*, Oxford U.P., 1999.）の所説が紹介されている。すなわち、①典型的な契約は「囚人のディレンマ」を解決するものであるが、憲法はそうではなく、むしろ「純粋な調整問題」を解決するものであるということ、②憲法は契約に比べて当事者の同意という要素が遥かに少なく、むしろ当事者が服従することの方が重要であるということ、③契約は外部からのサンクションによって執行が保証されるが、憲法の場合、その通りに物事が動くのは、他の方向で改めて再調整するにはコストがかかりすぎるからということ、である。

ハーディンの所説についての検討は本章〔本書第4章〕の主要課題ではないが、これらについて、いくらか付言しておきたい。まず、①については、調整問題の解決は全体としての統一的な決定に拠るが、――長谷部の整理に拠ると――「純粋な調整問題」とは、――「恋人のけんか」とも呼ばれる――「部分的な調整問題」とは異なり、道路交通規則の例にあるように当事者の選好はさしたる選好を持っているわけではないとされる。しかしながら、憲法が〝構成員がさしたる選好を有しないことについての、全体としての統一的決定〟であるとすれば、具体的・個別的国家における（固有性・特殊性を有する）政治伝統、それに対する国民の信奉、あるいは、かかる信奉に基づく国民共同体・統治体については、考慮外に置かれることとなってしまうのではなかろうか。

また、②については、こうした見解は、イーゼンゼーにおける国民の憲法制定権力論についての理解に親和的ではないかと思われる。すなわち、彼は、国民は、憲法を制定するのではなくて、事後的に組織体を受け入れ、かつ、それに生命を吹き込むものであって、したがって、「憲法制定者としての国民の理論は額面通りに受け取ってはならないことは明らかである。この理論は、国民が憲法の内容と妥当性を決定するアクターであることを示唆している。けれども政治の現実においては、国民は、行為主体ではなく、もっぱら準拠主体でしかないことが実証されている」との理解を示している（J・イーゼンゼー（岡田俊幸訳・解説）「国民の憲法制定権力——民主的神話」（以下、「国民の制憲権」と略す。）同・前掲書（註15）四四八-四四九頁）。要するに、イーゼンゼーの理解において、憲法の正当性は、国民が制憲者であることから導出されるのではなくて、かかる憲法に国民が服従していることから導出されることになり、その限りで前記ハーディンの二点目の議論に通底するものがあろう。さらに、かかる論理は、憲法の正当性のみならず、妥当性（Geltung）と実効性（Wirksamkeit）についてもいうことができ、イーゼンゼーもこれを認めていると思われるが（同前・四五八-四五九頁）、この点については後記の本書第5章第1節4、及び、第6章第4節3の一部において論じている。

(256) T・ボッブズ（水田洋訳）『リヴァイアサン（二）』改訳（岩波書店、一九九二年）三六頁（第二部・第一八章）。

(257) **Edmund Burke, *Reflections on the Revolution in France*, 1790.** E・バーク（水田洋訳）「フランス革命についての省察」『世界の名著34　バーク　マルサス』（中央公論社、一九六九年）七五頁。

(258) バーク・前掲書（註257）一六七頁。これと同趣旨の言辞として整理できるのは、E・ルナンのそれである。すなわち、「利害の共通性は、明らかに、人々を結びつける強力な絆です。しかし、それだけで国民を形成することができるでしょうか。私はそうは思いません。利害が共通なら通商条約を結べばよいのです。国民性には感情の側面があります。それは まったく同時に、魂にして身体なのです。関税同盟

(Zollverein) は祖国ではありません」と（E・ルナン（鵜飼哲訳）「国民とは何か」エルネスト・ルナンほか（鵜飼哲ほか訳）『国民とは何か』（インスクリプト、一九九七年）五九頁）。Vgl. auch *Isensee*, a. a. O (Anm.6)., Rdnr. 126.

(259) 中谷猛・足立幸男編著『概説西洋政治思想史』（ミネルヴァ書房、一九九四年）一七五頁〔谷川昌幸執筆〕。

(260) *Isensee*, a.a.O (Anm. 6)., Rdnr. 133.

(261) 百地・前掲論文（註87）七九・八〇・八四頁。

(262) 河本英夫『オートポイエーシス 第三世代システム』（青土社、一九九五年）一四頁。

(263) 河本・前掲書（註262）一五頁。

(264) 河本・前掲書（註262）一八頁。

(265) 河本・前掲書（註262）一八-一九頁。

(266) 河本・前掲書（註262）一五-一六頁。

(267) A・ショウペンハウエル（細谷貞雄訳）「哲学とその方法について」『知性について 他四篇』（岩波書店、一九六一年）九頁。

(268) 河本・前掲書（註262）一九-二一頁。

(269) 河本・前掲書（註262）二二頁。

(270) 拙稿・第三論文一〇一-一〇二頁参照〔本書第3章第3節1〕。

(271) 西浦・前掲論文（註232）二五八頁。

(272) 西浦・前掲論文（註232）二五八-二五九頁。

(273) 西浦・前掲論文（註232）二五九頁。

(274) 拙稿・第一論文四五頁以下・五八-五九頁〔本書第1章各節及び第2章第1節〕。

(275) 拙稿・第三論文八三頁以下参照〔本書第3章〕。

(276) 拙稿・第三論文一〇二頁において、成文（成典）憲法は、「……完全な国家像を提供するものではないから〔、〕……前憲法的存在としての国家と規範的なるものとしての憲法は、相互に補完・形成し合っているものとして理解すべきこととなり、国家法人の意思――即ち、それはかかる国家の目的を含むものと思われるが――もまた、かかる相互作用の中において見出されるべきものとなろう」と論じた〔本書第3章第3節1〕。

(277) 拙稿・第一論文五三-五四頁、拙稿・第三論文一〇三頁〔第1章第3節2及び第3章第3節2〕。

(278) 栗城壽夫「一八世紀中葉から一九世紀中葉にかけての憲法理論の展開」同『一九世紀ドイツ憲法理論の研究』（信山社、一九九七年）は、①前期自然法論第一期（一八世紀中葉以前）、②前期自然法論第二期（一八世紀中葉以降）、及び、③後期自然法論（一八世紀八〇年代以降）というD・クリッペルによる近世ドイツ自然法論の区分を示した上で、「図式的にいえば、前期自然法論の第一期においては、国家目的の内容は公共の福祉であり、かつ、それが権力正当化の作用をいとなんだということができ、前期自然法論の第二期においては、国家目的の内容は、同じく、公共の福祉であったが、それが、前の場合とは逆に、権力制約の機能をいとなんだということができ、後期自然法論においては、国家目的の内容は権利・自由の保障であったということになる。〔原文改行〕しかし、立ち入って検討してみると、国家目的を権利・自由の保障に限定する考え方は、それほど一般的ではなく、むしろ、統治権と個人の自由とを所有権を中心にして考える論者に限られているといえる」と述べている。

(279) 国家目的として「安全」は、古典的かつ典型的である。小山剛『基本権の内容形成――立法による憲法価値の実現』（尚学社、二〇〇四年）二六四頁における整理に拠れば、K・P・ゾンマーマンは、「……時間を超越した普遍性のある『公共の福祉（Gemeinwohl）』と、その第一段階の具体化である『安全（Sicherheit）』にのみ、『国家目的』という概念を用い、それらをさらに具体化した、実定的に設定された諸目的・諸目標については単に国家目標と呼ぶべきである」とし、公共の福祉と安全について、国家の目的ないし目標としての特別の地位――超実定的なるものとしての――を認めているといえよう。イーゼンゼーもまた同趣旨の見解である（*Isensee*, a. a. O (Anm. 6)., Rdnr. 115.）

（280）イーゼンゼー・前掲書（註15）「法的・前法的国民」四一七頁。また、ほぼ同旨として、*Isensee*, a. a. O (Anm. 6)., Rdnr. 123/126. 同箇所においては、「国民的統一体は、国家的措置を通じては、随意に形成させられないし、かつ、変更させられないのである。かかる国民的統一体の基礎は、国家の処分権力からは距離を置く。いつ、そして、なにゆえに、ある人間集団が国民として理解されるかは、偶発的である」（Rdnr. 123）、「国民的意識は、合理国家の地平の彼岸に据えられて……いる。……国民の存在は、理性の基礎から導き出されない。利益的打算は、一役を買い得るが、けれども、かかる利益的打算考量は、何も説明しないのである。ここでは、ホッブズ及びロック以来、近代国家の構造に導いてきた普遍主義は、無力をさらけ出す。……国民は、単に理性に基づいているのではない。国民的意思統一体においては、非合理的な力、情熱、共感、反感をも作用するのである。……ヨーロッパの市場社会の経済的利益は、ヨーロッパ国民をもたらさないのである。ヨーロッパ国民が、いつの日か、生じるべき場合には、ヨーロッパ的特殊性の意識によって、ヨーロッパ独自的なるものによって生じるのであって、抽象的・普遍的観念によって生じるのではないのである。……かかる国民統一体は、具体的な共通性に照準を合わせるのであるから、かかる国民統一体は、抽象的な人間性のアピールよりも、連帯の覚悟を、より力強く呼び起こすのである」（Rdnr. 126）と述べられている。

（281）百地・前掲論文（註87）八三頁。

（282）百地・前掲論文（註87）八三頁。

（283）拙稿・第三論文九四頁以下［本書第3章第2節］。

（284）拙稿・第三論文一〇三頁以下［本書第3章第3節］。

第5章 〃憲法の前提条件〃とその諸例

第1節 〃憲法の前提条件〃という観念あるいは理論枠組み

1 定 義

本章［第5章］で取り扱おうとする〃憲法の前提条件〃という観念あるいは理論枠組みとは、さしあたり、成文（成典）憲法秩序の機能にとって必須の社会的条件に関係するものであり、かつ、成文（成典）憲法において明文上規範化されたこととは別に、憲法の運用（＝Umsetzung）や実効性（＝Wirksamkeit）を条件付ける事態として理解されている(285)。さらに、かかる概念について、もう少し立ち入って考えてみると、その〃憲法の前提条件〃なる語感から、私法（契約法）上において用いられる「行為基礎」（Geschäftsgrundlage）に類する憲法上の概念であるかのような推測が働き得る。行為基礎とは、ドイツ私法学上の概念であって、「……一言でいえば、契約の基礎にある一定の事態であり、その不存在または消滅が契約の効力に影響を与えるもの」(286)を意味し、日本では「事情変更の原則」(clausula rebus sic stantibus) として知られているものである。

だが、クリューガーによれば、〝憲法の前提条件〟とは、そうしたものとは異なり、「憲法は、本質的事情の変更によってその存続が言及され得る契約ではない」(287)とされる。すなわち、「本質的事情の変更」が生じている場合において、私法上の契約は、契約内容の一部又は全部の効力が失われることがあり得るが、憲法は、そのようなものではないということである。したがって、行為基礎は、裁判所が事後的に決定するものであるのに対して、憲法の前提条件は、「……初めから目下のものであって、実効性 (=Wirksamkeit) を発揮するもの」(288)とされる。また、批判的論者であるCh・メーラスからは、「……憲法の基底に存在するものであるが、他方で、憲法学の理論的内容 (dogmatischen Gehalt) へ回帰し得る、憲法それ自体によっては規範化され得ない構造」(289)と評されている。要するに、メーラスは、憲法の前提条件を、成文(成典)憲法の個別・具体的な条規とは必ずしも関連性をもたない憲法理論を扱うものとして、理解しているのだろう。ともかくも、クリューガーによって、ひとまず次のように定義されている。

「市民・有権者・代表・公務員などとしての予定された役割が、こうした役割の『イメージ (Bild)』によって、対応する人員に担われ、かつ、全体的なコンセプトの意義において演じられる場合にあっては、憲法は、国民（=Nation）の共同生活及び共同作業をプログラム化し、かつ、これゆえに首尾よく作用し得るに過ぎない。すべてのこうしたものにとって、かかる国民の共同生活及び共同作業は、プログラムが実現されるために、これに対応する精神的基礎（=**entsprechenden geistigen Grundlage**）も適切なムード（=**adäquaten Gestimmtheit**）も必要としている。このことから、コンセプトが首尾よく機能し得る必要がある場合には、消極的な憲法の前提条件――すなわち、現存してはならない事態（**Umstände also, die nicht vorhanden sein dürfen**）――をも存在することが導かれる」(290)。

要するに、〝市民〟や〝有権者〟などの役割が、役割に対する〝イメージ〟を媒介として、現実の人間によって演じられるならば、憲法は、共同生活及び共同作業のプログラムとして成功裡に機能することになるということである。そのためには、それにふさわしい「精神的基礎」や「ムード」が必要になる。クリューガーによれば、憲法が上手く機能するための、このような諸存在が〝憲法の前提条件〟ということになるのであろう。換言すれば、成文（成典）憲法において直接に表出しないものの、規範としての憲法が現実を獲得するために必要な諸存在を意味するものと思われる。

さらには、メーラスの整理するところによれば、憲法の前提条件の理論においては、次の要素が共通しているとされる。すなわち、①憲法の前提条件がなければ、憲法はその機能性を喪失するということ、②憲法は、憲法の前提条件において、従来通りの解釈手法によっては導出され得ない方法に関連するものであるということ、③こうした関連付けから、最終的に憲法の前提条件の保護・維持あるいは再確立に関する憲法学的準則が導き出されるということである(291)。彼は、この三点に即して憲法の前提条件理論について批判的検討を行っているので、この際、以下では、これを紹介しつつ再検証に付してみたい。

2 作用

こうした憲法の前提条件という観念あるいは理論枠組みについて、そもそも、メーラスは、「憲法の前提条件を成立せしめる、作用脈絡（=Funktionszusammenhang）が実際にいかに定義されているかが、明らかでない」と批判している。憲法の前提条件は、しかし、クリューガーの論ずるように、「……いかなる前提条件に憲法が依拠するかを憲法それ自体から察知することができる」(292)場合があり得るし、現に、「一貫して諸憲法は、わずかにではあるが、間接的に、かかる憲法の前提条件を示しているようである。これは、第一には、諸憲法によってパラフレーズされ」(293)ている。したがって、憲法の前提条件の範疇に通常であれば区分されるものが目下の成文（成典）憲法上において、ことさらに直接的に表出しており、成文（成典）憲法の構成要素と化している場合には、当然にそれを看取し得よう。他方、そうした場合のみならず、憲法の前提条件が単なるパラフレーズのように間接的に目下の成文（成典）憲法上において表出しているに過ぎないこともあり得る。このような場合であっても、憲法の前提条件は、当該成文（成典）憲法が適用されるところの個別・具体的な国家の、憲法典外における国家の基本構造に関わる諸要素を探求するによって、みえてくることになろう。確かに、「どの程度の依拠性が憲法の前提条件という構成にとって確定的（＝konstitutiv）であるのか」[294]、すなわち、〃憲法の前提条件〃理論にとって、どれほどの根拠を備えていれば、それが確定的（＝konstitutiv）となるのかについては、検討する必要があろう。しかし、何が憲法の前提条件であり、何がそうでないかの、このようなカテゴライズが、困難であり、あるいは不明瞭なところを残し得るということを以って、直ちに憲法の前提条件の規範性を否定することはできないであろう。

なぜなら、憲法の前提条件は、憲法の妥当性（=Geltung）ないし実効性（=Wirksamkeit）に関わる問題となるからである[295]。すなわち、憲法の前提条件においては、前叙［第5章第1節1］においても簡単に紹介したように、人間や役割についての一定の〃イメージ〃が示され、かかる〃イメージ〃が現実において実際に引き継がれるか否かが問題となるわけである[296]。これは、ひいては、憲法という規範が現実を獲得するということにとって欠くべからざることの一つであり、当然に憲法の妥当性ないし実効性の問題にとって重要な意義を帯び得る(297)。

けれども、メーラスは、この点につき、憲法の前提条件概念を、「効果的な法貫徹の可能性条件」となる「善良に育成された官公吏(=Staatsdiener)」と理解した上で、「しかし、官公吏が不用意であることの結果として、法貫徹の単なる事実上の障害から憲法の前提条件が生じるというのは、どういうときなのか、かつ、こうした確証は、いかなる法的帰結によって与えられることになるのだろうか」と問うている(298)。すなわち、官公吏が十分に「善良に」育成されなかったり、そのような官公吏が不足していたりする場合に、確かに法を貫徹するときの事実上の障害が生ずるであろうが、どうして、それが憲法の前提条件を成立させるのか、という問いである。

法は国家機関によって強制的に執行されるのだから、遵法精神のある官公吏を養成することは、「効果的な法貫徹の可能性条件」に数え得る。けれども第一に、法服従の義務を負うのは官公吏ばかりではない(299)。第二に、イーゼンゼーにおいても述べられるように〝強制〟は法服従の実現のための機会ないし手段を提供するに過ぎず(300)、したがって、法の執行につき強制力を備えた官公吏ないし国家機関が存在していたとしても、それのみを以って法が現実化するものとはいえない。後者の点については、法の妥当性(Geltung)及び実効性(Wirksamkeit)に対する——両者の差異を含む――適切な理解に関わる問題であると思われる。こうした側面についての憲法の前提条件の作用の傑出した重要性がゆえに、その保護則も導出されると著者において思われるので、この点については本節［第5章第1節］4において改めて論ずる。

3　方法論的正当性

（1）成文（成典）憲法からの離脱

憲法の前提条件という観念あるいは理論枠組みは、成文（成典）憲法に直接的に表出しないものにせよ、間接的に表出しているものにせよ、多くの場合、成文（成典）憲法外の諸存在を引き合いに出すことを元来その意味に包含させている。この点について、メーラスは、「いかにして、憲法それ自体からの離脱（＝Abwendung）を前提とする憲法学的な関連付けが方法論的に正当化され得るかという問題が示される」(301)として、批判的な立場から、その方法論的正当性について問うている。

そもそも法学――なかんずく実定法学――は、規範学的性格を有するものであるから、基本的にはかかる領域が対象とする規範に忠実なものでなければならない。イーゼンゼーもまた、「規範の中に現実がない限り、現実的なるものに、規範理解に対する影響力を与えることは、国法学に相容れないのである。法学は、当為に献じられるのであり、存在に捧げられるのではなく、したがって、規範としての憲法に献じられるのであり、現実としての国家に献じられるのではない」(302)と指摘しているところである。だが同時に彼が示唆するように、憲法解釈に欠かせないのは、当該成文（成典）憲法の「不文的前提条件が記述されている国家性の文脈」を読み込むことであろう(303)。これとは反対に、いわゆる方法二元論の下に、規範学的側面を強調し、それ以外の諸相——現象学的側面を含め——を排除しようとした法学体系の典型こそが、H・ケルゼンの純粋法学であろう。現象・現実に対する顧慮なしに「憲法からの離脱」を問題視するメーラスのような態度には、ケルゼン流の思惟構造に相通ずるものがある。すなわち、ケルゼンは、その著『国法学の主要問題』において、次のように述べる。

「法学が形式を、形式のみを認識するものであるとすれば、法概念も一貫して形式的要素のみを問題とすべきである。……純粋に形式的な方法に対しては、それが生の現実を理解せず、現実の法生活を解明しないために『不満足な結果』しかもたらさないというような非難が繰り返し浴びせられるが、それは法学の本質についての全くの誤解に基礎を置いている。法学はそもそも現実を理解したり、生活を解明したりすることを任務としないのである。形式的法概念を無内容だと非難することは、現実の物体の形状を把握しないからと、幾何学を非難するのと同様である」[304]。

ところが彼のこうした態度は、――彼自身が批判的に引用するように[305]――それ以前のG・イェリネクにおいても否定されているし[306]、日本でも、たとえば笹倉秀夫において、「……ケルゼンのように法をもっぱら当為に関わる論理関係の問題だとするのでは、経験的・社会学的効力と規範論理的効力とは、二つの世界に隔離され、相互の交渉が正しく捉えられない」[307]とまとめられている（もっともケルゼンにおける方法二元論が彼の議論の中で内在的に矛盾なく一貫性があるか否かという問題は指摘され得る[308]）。したがって、法学において現象・現実上の諸相を捨象しようとする態度によって構築される体系の学が、いかなる程度の意義を果たすのか確認する必要があろうし、かかる学が一定の意義を果たし得るとしても[309]、そのことを以って現象・現実について顧慮する学――その意義ないし効果については本節［第5章第1節］4において示すが――が誹りを受ける所以とはなり得ない。ゆえに、著者は、現象・現実次元との調和的理解において規範解釈を行うことが必要との立場を採るべきものと考えている。

とはいうものの、ケルゼンが自らの純粋法学の意義の下に注意を喚起しているように、「……法実務への誤った顧慮によって首尾一貫する勇気（Mut der Konsequenz）を失い、何らかの妥協的解決に媚を呈し、厳格な論理の帰結をいい加減に逃れようとする……」(310)ようなことがあってはならないし、また、確かに――長尾の論述の中で、ケルゼンが反対するように、あるいは、M・ウェーバーにおいて指摘されるように――「……『唯一の正しい解釈』という擬制によって、自説の主観性を隠匿……」(311)しようとすることは、学問的態度にあるまじきものとして批判を免れ得ない。けれども、そもそも有意味な法解釈という営為を、かかる解釈者の思惟に存するドグマーティクあるいはイデオロギーと完全に切断することは不可能である。

ところで、A・カウフマンは、刑法上の「類推禁止」の原則の意味を検討する中で、「法律解釈なら、たとえ拡張解釈であっても許されるが、しかし、類推は禁ずるということを認めるのもまた素朴なことではないだろうか」との疑問を呈し、解釈が類推的なものであることを前提とした上で、「……いわゆる『類推禁止』の場合には、類推の範囲内で有用な基準を用いて比較的信頼のできる限界をひくことが可能かどうかだけが問題である」と論じている(312)。かかる指摘をも踏まえると、要するに法解釈は、規範と現実との間隙で〝比較的信頼のできる限界〟内に収まっているかが問題とされるべきであり、それがいかほどに解釈者のドグマーティク、イデオロギー、あるいは、実際の政治的現実と切断されているか否かを問うことは、あまり有益ではなく、学問的価値を裏付ける論理的精緻性は、それとは独立に評価されるべきことになる。

（2）歴史的考察の間主観化

ひるがえって、憲法の前提条件について検討するに、成文（成典）憲法上において間接的にしか――あるいは全く――憲法の前提条件が表出しきれていないと判断される場合は、確かにあり得よう。しかし、成文（成典）憲法が国家像を完全創出し得るものでないと一般にいうことができるならば(313)、当該成文（成典）憲法が適用されるところの個別・具体的な国家の歴史を参照することによって憲法の前提条件を明らかにする必要性はますます生じるであろう。しかし、メーラスの見解においては、次のような言辞によって、このような手法に対する嫌悪感が示されている。

「『前憲法適合的な全体イメージ（＝vorverfassungsmäßige Gesamtbild）』についての研究を確立することは、憲法の前提条件の姿を時代遅れにせしめるとされる歴史的な憲法解釈をあからさまに促進することか、あるいは、憲法が引き合いに出さないところの前憲法的な法状態を許容されない形で憲法的地位へと昇格させることを、意味している。これは、それだけにいっそう、一定の『国家思想の伝統』への一律的な関連付けとみなされているのである」(314)。

ここでいわれるところの「前憲法適合的な全体イメージ」とは、憲法の前提条件の観念あるいは理論枠組みの下に、個別のテーマについて、成文（成典）憲法外の諸要素を考慮して導出された部分イメージの体系的総合——結果的に最広義における憲法概念とでもいいうるもの——を意味するものと思われる。成文（成典）憲法上においては、明らかな基礎付けをみないものであっても、憲法学上のものとして論及する必要性のあるもの——すなわち、憲法の前提条件であるが——には、単なる事実として存在している場合があろう。とはいっても、このような一定の憲法（学）的事象——とりわけ成文（成典）憲法の文理的理解に基づく法構造にとって受容し難いそれ(315)——は、論者の恣意的な選好によって、即自的に憲法の前提条件として把握されるものでは決してない。また、論者が、憲法の前提条件とは別の自らのドグマーティクの補完を目的とする視点において、憲法の前提条件を恣意的に理解することはあってはならない。

そのような憲法（学）的事象としての一定の事実は、特定の国家の歴史において反復継続され一定の累積をみることによって、初めて憲法の前提条件たる憲法習律あるいは不文憲法として(316)、成文（成典）憲法とともに、かかる国家の Verfassung/Constituiton を構成し得ることとなる。G・イエリネクの〝事実の規範力〟という概念はあまりに有名に過ぎるが、彼によれば、「結局は、長い時を経て慣らされた事実関係の承認から、法がいつも導き出されている」[317]とされる。だとすれば、ある具体的・個別的な国家の歴史を参照することによって、具体的・個別的な国家における憲法の前提条件を探求することは、それが法の規範力問題において「真の核心」[318]とまでいえるかどうかは別としても、「時代遅れ」なものでも、回避されるべき手法でもなかろう。

そのような歴史的考察による憲法の前提条件の導出は、厳密な意味では法学外部（＝**außerjuristisch**）の見地からのものであり、かつ、非法学的な手法によるものを、（憲）法学的なるものとして語っているとの評価をされる可能性を確かにもっている。だが、たとえば、旧法秩序[319]や、成文（成典）憲法と共に成立した経緯を有するような下位の法規範において、かかる考察の出発点ないし手掛りが示されている場合があり得[320]、そうした場合にあっては、単なる論者の恣意的選好、あるいは、それに基づく他の法ドグマーティクからは一応の距離を保った考察が可能となる[321]。してみると、このような考察手法は、同時に、語られる実体を間主観化あるいは客観化し得る可能性を備えているといえる。

4　存在意義及び保護則の導出根拠
——主として〝憲法の前提条件〟がもたらす効果について

（1）憲法の実効性
——手段としての強制力と内容に対する歴史的・現実的条件付け

メーラスは、次いで、〝憲法の前提条件〟、あるいは、その諸要素が保護されるべきとする論について、以下のように語っている。

「〔何が憲法の前提条件に含まれるのかについての〕この種のでっちあげられた関係性（＝konstruierten Bezug）から、どうして保護法則（＝Schutzgebot）が導かれるかは、理解不能である。そのような各々の関係性が保護を根拠付けるものではないということは、明白である。憲法（学）的な事実内容の要素（＝verfassungsrechtliche Tatbestandsmerkmale）のための一般的保護は、存在しない。〔憲法（学）的な〕事実内容の諸要素（＝Tatbestandmerkmale）と、憲法の前提条件を保護することの効用（＝Schutzfolge）との関係において、〔〝憲法の前提条件〃を想起させる」特異な法的評価が存在しているに違いない」(322)。

すなわち、彼においては、憲法の前提条件として把握されるべき事実と、憲法の前提条件というカテゴリーが、何らかの理論的階梯を経て結び付けられることも、さらに、そのような内容をもつ憲法の前提条件に対する(法的)保護を与えることも、大いに疑問視されているのである。というのも、成文(成典)憲法という規範は保護を受け得るが、かかる規範を満たす事実的諸要素に対する保護を根拠づける一般理論は存在していない、と考えられているからである。その上で、彼は、〃憲法の前提条件〃という枠組みにおいて、確かに、「官公吏養成は(323)、国家の実存的関心(=**existetielles Anliegen**)を示すかもしれないが、しかしながら、かかる関心事を、憲法文書を超えて「憲法の前提条件というランクに」昇格させる場合に、これによって何が獲得されているのであろうか」として、「憲法の前提条件の作用能力(=**Funktionsfähigkeit**)」が改めて示されなければならないと論じている(324)。

憲法の前提条件の観念ないし理論枠組みが、何らかの効用を発揮するのかにまつわっては、前叙[第5章第1節2]において若干触れたように、メーラスはこれに懐疑的であるとみることができる。だが、この点については、クリューガーの論稿のうち、「憲法の前提条件の実効性(=**Wirksamkeit**)」

と題する節の中で触れられている。そこでは、「憲法の前提条件の最初の課題は、憲法に生命を吹き込む人間を準備・保持しているということ」とされ、さらに現実世界において、そのような人間が見出されない場合には、憲法は〝死せる文字〟(325)であり続けるとされる(326)。たとえば、「自由主義的思想を有する市民なしに自由主義的憲法は成立し得ないし、官公吏なしに官公吏制度は成立し得ないし、政治家なしに政府は成立し得ないし、社会主義者なしに社会主義は成立し得ない」(327)ということである。

憲法領域に限らず法一般がその実効性を獲得するには、少なくとも次の二つの条件が考慮に入れられなければならないと思われる。すなわち、①法の服従者において合理的動機付けを生ぜしめるという意味からも(328)、（近代国家が権力独占主体であることを前提として）権力的に、あるいは、物理的強制を以って(329)、法が実行されること(330)――これは法が他の規範と区別される特徴的指標であるけれども――である。けれども、法に備わる権力が服従の獲得を目指すのである一方で、法の権力的実行が常に服従の獲得を保障しないのであれば(331)、権力的であるという形式的条件に加えて、次の実体的条件も要請されよう。すなわち、②服従獲得をよりいっそう容易なものとするためにも、法が適用されるべき個別・具体的国家の国家像・国民像に基づいて、法内容に対して歴史的あるいは現実的な刻印付けが行われていることである。これは、すなわち、基本的にかかる法の適用される領域——すなわち、当該国家領域——における地政学的所与性を考慮した(332)法の歴史的ないし現実的妥当性の要求を意味するものである。そもそも、法に対する服従が成立しているか否か、あるいは、法の実効性（＝Wirksamkeit）の問題は、結局のところ、社会学的認識の問題にかからせしめられるものである。だとすれば、そうした意味における妥当性の要求を満たした法内容についてこそ、法に対する服従を獲得し易くなるのではなかろうか。

法一般の性質が上記の通りであるのと同様にして、成文（成典）憲法が一定の実効性あるいはK・ヘッセの論ずるところの規範力(333)を獲得するためにもまた、現実においてその対応する条件が見出されなければならない。ことに憲法領域においては、それが当該国家の国民アイデンティティあるいは国家的特殊性をも示す規範であるという文脈を承認ないし重視することができるとすれば(334)、特に上記②の側面は、なおさらに要求されよう。

（2）憲法の規範力ないし現実化

〝憲法の前提条件〟なる観念あるいは理論枠組みにおいてもまた、現実における対応条件が必要とされるが、それは成文（成典）憲法それ自体が規範であって現実ではなく、「人間の行態に対する要求であって、人間の行態それ自体までがそこに含まれているわけではない」(335)からなのかも知れない。ヘッセによれば、憲法の規範力は、実現可能性と現実的意思という二つの前提条件が充足される程度に応じてのみ、獲得・発揮されると論じられる。

このうち、まず実現可能性については、「憲法上の諸命題が、所与の歴史的状況と関連性を持ち、かつ、すでに現代の個別的状況の中に置かれている事態を維持し発展させようとするほど、それだけ早くその規範的効力を発揮することができる。……憲法は自身の生命力の不可欠の萌芽を欠き、自身が……発展段階に逆らって規範化した状態を実現するまでには至らないのである」(336)と説明される。さらに、現実的意思については、「憲法は、すべての法秩序と同様、人間の活動によって現実化されることを必要とするので、その規範力は、憲法の内容を拘束力あるものと見做す心構えと、抵抗を押しのけてでもこの内容を実現しようとする断固たる意思とにかかっている」(337)として特徴付けられている。この両条件は結局のところ、上記②において示したことに関連せしめていえば、法内容についての歴史的ないし現実的条件そのもの(=実現可能性)、及び、そうした条件を惹起させる法服従の基本的性質(=現実的意思)に符合しよう。

だとすると、〝憲法の前提条件〟なる観念あるいは理論枠組みにおいて理解される「憲法学的な事実内容の諸要素」に対する保護についてもまた、上述において検討した通りの意義を有し得るものであり、したがって、かかる保護則の導出根拠が不明瞭であるとの批判は、にわかには首肯しかねる。（憲）法規範は、現実化されて初めて、その「法」「規範」としての意義が獲得・発揮されるものであるから、現実化されない「（憲）法」なるものは、単なる一応の権威ある文書ないしは〝死せる文字〟に過ぎないものとなってしまう。

ところで、憲法の最高法規性という観念は、成文（成典）憲法に結び付けられたものとして語られることがある[338]。だが、そうした成文（成典）憲法の現実化が、その実、成文（成典）憲法の条規それ自体に内包された諸要素のみによっては担保されきれるものではないとしたら、あるいは、そもそも、そうした成文（成典）憲法の条規それ自体が、かかる成文（成典）憲法が適用されるところの具体的・個別的国家の現実的要素・特殊的要素[339]ないし国家哲学的思惟の帰結を反映しているものではない場合[340]には、成文（成典）憲法外の諸要素に注意が払われなければならないだろう。何となれば、憲法が空文化しているところでは、憲法の法規範性は形骸化ないし滅却せられ、そのような場合に至ってもなお成文（成典）憲法外の諸要素に配慮することがなければ、そのことによって、かえって憲法の最高法規たる性格は、失われていくようになるからである。

第2節 〝憲法の前提条件〟の諸例Ⅰ――国家及び国民

クリューガーは、その論稿の中で、憲法の前提条件について、その個別例のいくつかを示している。以下では、それらを①国家及び国民、②市場経済、③人間像の三つに再整理して、本節［第5章第2節］3において①を、次節［第5章第3節］において②及び③をそれぞれ検討の題材とする。

1 国家組織体の発生と存続

憲法の概念の一つに、国家の統治構造の基本を定める法という意味の、固有の意味の憲法という概念類型があることや、憲法をある種の社会契約とみる立場があることからもうかがえるように、国家像を構成することは、成文（成典）憲法の任務の一つである。ここでは、構成された（とされる）国家像は、規範的なるものであって、かかる国家像が規範化されたところの成文（成典）憲法を通じて、現実の国家機関は規律され、憲法の規範的側面が表出する。これゆえに、国家ないし国家像を構成するのは成文（成典）憲法であって、国家は、成文（成典）憲法以前に存在しないことが、あたかも当然のことであるかのように暗黙裡に承認されてきた。ところが、成文（成典）憲法における規範化された国家像は、その実、〝成文（成典）憲法が構成したもの〟ではなくて、〝すでに構成されているもの〟を成文（成典）憲法に示したものである場合が多い。D・グリムによってもまた整理されているように、「経験的にみれば、『Verfassung』は、いかなる政治的関係が、目下の時代・一定の領域において、事実上支配しているかについての回答を与えているものである。規範的にみれば、『Verfassung』は、ある領域において政治的支配が法的に服従すべき規律を確立している」(341)。それゆえに、Verfassung/Constitution の概念内容そのものからして、国家は、成文（成典）に前置せざるを得ないことは、すでに著者も指摘したところである(342)。

さらに、国家において法人性（権利能力主体性）が認められ、かかる国家の法人性が成文（成典）憲法はもとより、何らかの成文法によって付与されたものでないとするならば、国家の法人性は法以前のものとして了解することができる(343)。なるほど確かに、たとえばモンテビデオ条約第一条において「国際法人格としての国家」の要件が規定されている(344)。だが、これについても、すでに指摘したように(345)、国家はその法人性をモンテビデオ条約一条の条規によって初めて獲得しているわけではなかろう。もしそうであるならば、そうした国際法上の諸条規以前に、あるいは、そうした条約締結国でなければ、国家は権利能力主体性を有する団体として条約締結等の法的行為をなし得なかったはずだからである。したがって、国家は、その法人性からも成文（成典）憲法に前置するものであることが確認されることとなる。

成文（成典）憲法に対する国家の前置性は、〝国民〟という別の局面からもまた、確認することができる。これに関連するクリューガーの論述は次の通りである。

「政治的意思が原型たる国民を社会の範囲内において必要とするように、国家憲法（＝Staatsverfassung）もまた、ただ、人間の非国家的集合を国家性の形態にもたらし、かつ、そうしたものとして構成する能力がない。これは、国家性の決定が成文（成典）憲法の前に据えられており、かつ、かかる決定の場を憲法の範囲外において有しているということを、意味している」(346)

成文（成典）憲法の正統性を説明する方法の一つに、国民の憲法制定権力理論が用いられることが多々あるが(347)、かかる理論は、政治的意思と、それ以前に存する政治的意思の表示（者と観念的に規定される(348)者——原型たる国民——を前提とせざるを得ない。さらに、かかる政治的意思が国家性へと向けられたものであり(349)、かかる（前憲法的な）国家構造を後の成文（成典）憲法が継受していることが認められるとすれば(350)、国家性が——少なくとも原型的形姿としては——成文（成典）憲法以前に存するということの承認を余儀なくされるであろう。P・キルヒホフにおいてもまた、国家と憲法との関係がいみじくも次のように説明されている。すなわち、近代的な憲法国家の成果は、「共同体が成文（成典）憲法によって組織されている場合に、高権的に組織化された共同体をただ国家として承認したこと」であるが、「こうした国法上の留保は、もっとも、成文（成典）憲法が国家を生み出し得たとされることを意味するものではない。むしろ、成文（成典）憲法は、〔国家が〕構成される可能性（Konstitutionsfähigkeit）――〔すなわち〕根本的国家性――の最低限がすでに存在する場合に、まず準備され、決定され、公布され得るのである」と(351)。

ところで、国家構造とはState の組織構造――まさに die Verfassung *des* Staates――を意味するものであるが、その前憲法性を確認することの特定の国家・国民共同体――*die* Nation――にとっての意義については、著者においてすでに次のように論じたので確認しておく。

「……前憲法的なるものから継受されてきた国家構造――State――には、かかる国家・国民共同体――Nation――の特徴を示すものもある(352)。このことを確認することの意義は、即ち、ある成文（成典）憲法において国家構造の継受が認められるということは、かかる国家――State――が従前の国家――State――と同一の国家・国民共同体――Nation――によって組織されていることを示す一つのメルクマール――即ち、国家の継続性・同一性の指標――となり得ることに存する」(353)。

さらに、国民の憲法制定権力論において、制憲行為を行う人間集団が〝国民〟とみなされていることの根拠は、むろん、成文(成典)憲法において初めて見出されるものではない。なるほど確かに、国民は、成文(成典)憲法及び国籍法によって法的に定義付けられる。しかし、そうした法的な定義付けは、イーゼンゼーにおいて「……国籍は、現実の同質性の先行的存在(Vorgaben)と政治的統一の意思と結びつかねばならない。法自体はもちろん狭い範囲においてこれらを促進・保持できるとしても、これらを生成させることや強制することはできない」(354)と論ぜられるように、全く随意に行われるものではない。したがって、そうした見解を是認できるとすれば、――もっとも、国家の前憲法性が認められるのであれば、国民国家においては当然の帰結ではあるけれども――国民もまた、憲法の前提条件として観念できることとなろう。

2　国家の構成性と未構成性

メーラスによれば、キルヒホフは、憲法の前提条件としての国家を「循環的参照構造」(=zirkuläre Verweisstruktur)と名付けているとされる。この循環的参照構造は、察するに次のようなものであると思われる。すなわち、国家は、成文（成典）憲法によって構成されるが、構成された国家の淵源は、かかる成文（成典）憲法以前に存在する。別の順序からみれば、前憲法的国家は、成文（成典）憲法を通じて形式を与えられるということである。このようにして、国家（像）は、成文（成典）憲法を通じて〝循環〟することを意味するのであろう。

換言すれば、憲法の前提条件としての国家は、憲法制定の場面において――したがって国民の憲法制定権力理論において――表出するものであるとされるのである。すなわち、憲法制定に際しては国家性が必要であり、国家統一への意思はフォルクのナツィオン統一体において示され、成文（成典）憲法は、かかる国家性に Verfassung という形式――すなわち、国家の合法性ないし正統性――を与えるとされる。そうした形式を付与されていない国家は、「未構成の国家（＝unverfasster Staat）」として理解されるのである(355)。そして、メーラスは、このような一連の発想を「ミュンヒハウゼン流のホラ吹き物語」（＝Münchhausiade）と評している。

少なくとも基本法制定の事例では、メーラスによれば、前憲法的国家は主権的国家ではないとされ、あるいはまた、次のように語られる。

「前憲法的国家性の観念は、交代する憲法秩序を超えて、［その向こう側で］ドイツ国家が引き続き存在するなかにおいて、かかる観念の原因を有している。ドイツ史のこうした特殊性が前法的国家概念の根拠づけに達しないということは、こうした研究において、すでに根拠づけが試みられたとされている」(356)。

これはすなわち、前憲法的国家性の観念なるものは、将来に向かってドイツ国家が存続する限りにおいて、想定されるものに過ぎないものであるがゆえに、前法的国家概念——場合によっては過去に向かう——とはなり得ないということであろう。このように語られる根拠は、たとえば、憲法の前提条件論者の一人であるイーゼンゼーにおいて、民主制について、「受け継がれてきた国家の意味は、かかる意味が、現在の憲法的所与性に相当するか否か、順応し得るか否か、適合することが可能であるか否か、そして、どの程度相当し、どの程度適合可能であるのか、について吟味されなければならない」(357)と論じられるところにある。メーラスは、このようなイーゼンゼーの言明によって、かえって憲法の前提条件の概念的要求・規範的要求は弱体化するものであり、憲法の前提条件の理論は、憲法解釈によってその生命を終えたと論ずる(358)。そして、憲法の前提条件として語られるところの国家あるいは国家性とは、単に憲法制定の前提条件に過ぎないものであって、これゆえに循環的参照構造を呈するのだとの批判を行っている(359)。

この彼らの思惟において前提とされている前憲法的国家とは、いずれも、常に「未構成の国家」である。すなわち、かかる論理は、結局のところ、――前憲法的に国家性が見出されるとしても――目下の成文（成典）憲法のみが国家を構成・規律するものであって、それ以前の国家は未構成のものである、という認識に基づいているのであろう。

だが、そもそも目下の成文（成典）憲法（Verfassung(-sgesetz)）によって前提される国家とは、常に未構成（unverfasst）なものなのであろうか。著者においては、目下の成文（成典）憲法（Verfassung(-sgesetz)）が前提とする国家は、未構成（unverfasst）なものばかりでなくて、すでに構成された（verfasst）ものであることもまた在り得ると思われる。たとえば、日本国憲法の前憲法的国家像について考えを及ぼすとき、その上諭が一つの手掛かりになり得よう。すなわち、上諭においては、「朕は、……樞密顧問の諮詢及び帝國憲法第七十三条による帝國議會の議決を經た帝國憲法の改正を裁可し、ここにこれを公布せしめる」とされている。ここに示されるように、「樞密顧問」なる国家機関、「帝國議會」なる国家機関が存在するところの国家が「未構成の国家（＝unverfasster Staat）」といえるであろうか。しかも、かかる国家機関については、大日本帝国憲法という成文（成典）憲法（Verfassung(-sgesetz)）に明文の規定をみることができる。そうであれば、そうした国家機関を有する国家は、かかる個別・具体的な成文（成典）憲法によって構成された

(verfasst) ものとして理解することができるはずである。この場合の前憲法的国家像は、目下の成文（成典）憲法に先んじるということだけではなくて、それと共に、目下の成文（成典）憲法に先んじる成文（成典）憲法によって規律・構成されているものとして表出する。したがって、国家の Verfassung は、成文（成典）憲法によって初めて付与されるということにはならないのである。

他方で、前記したように、メーラスにおいて、前憲法的国家像は、個々の憲法秩序を超越したものであるとされ、あるいはまた、イーゼンゼーにおいて、「受け継がれてきた国家の意味」（本項［第5章第2節2］前叙参照）は、現在の憲法的所与性に対する適合性の可否及び程度が吟味されなければならないと語られることについてもまた、併せて考慮されなければならない。ここで観念されているところの前憲法的国家ないし国家性とは、Volk ないし国家統一への意思を有する Nation 共同体において、歴史的な個々の諸憲法を超えて一般化されているところの国家像ないしその構成要素であろう。しかしそうした場合であっても、国家の成立と共に Verfassung が存在することからすれば、そういう意味での unverfasst な国家は、社会契約論的思惟における空想上の産物以上のものではないのではないか。もっとも、法的意味における憲法によって規律・構成せられていないという意味での unverfasst な国家は、歴史を遡ればあり得よう。しかし、その場合にあっても、法化（＝Verrechtlichung）と憲法化（＝Konstitutionalisierung）の各概念は区別されなければならないとする次のD・グリムの指摘には留意しなければならない。

「規範的意味における憲法は、一八世紀末に、米国及びフランスの革命の潮流の中で成立し、そして、二〇〇年の経過の中で世界的に普及してきた。だからといって、規範的憲法の成立以前に、政治的支配に適用され、かつ、支配機能の所有者を拘束していた法的規律が存在していなかったとは、いわれるべきではない。〔必ずしも〕すべてのこの類の規律が、すでに、他方で、一八世紀後半の革命によって発生し、かつ、今日に至るまで概念刻印的に存続してきた諸規律の意味における憲法であるのではない。法化（＝Verrechtlichung）と憲法化（＝Konstitutionalisierung）は、むしろ、区別されなければならない」(360)。

またメーラスは、国家概念を歴史的にみて初期近代（＝主権国家成立の頃）以降の所産として――すなわち近代国家として限定的に――把握することを強調しており、こうした近代国家概念を前提とするならば、前提条件の脈絡は維持し得ないとする。さらに、国家概念が初期近代以降の所産であることが承認されるのであれば、国家性とは別の現象としての法の表出を記述するか、あるいは、法の概念もまた「近代法」として修正されることを要するという(361)。けれども、第一に、国家概念を近代以降の所産とすることは、そもそも先のキルヒホフの言辞（前項［第5章第2節1］参照(362)）に照らし妥当ではない。さらに第二に、国家性とは別に法が生ずるとすれば、そのような法は道徳などの強制力のない他の規範と区別し得ないものとなろう。

3　ドイツの国家性

ところで、憲法の前提条件は、クリューガーによれば、成文（成典）憲法自体から、まず察知せられねばならないとされる(363)。彼は、ドイツにおける国家性の型がいかなるものかは、ドイツ基本法二条一項における「憲法（適合）的秩序」の概念内容に関わる問題であるとする(364)。もっとも、「憲法（適合）的秩序」といっても、基本法二条一項におけるその文言自体は、「Verfassung」や「秩序（＝Ordnung）」の要素を示すものではないが、その概念内容は、「憲法適合的に公布されているすべての法規」として理解される。これゆえに、こうした概念は空虚なものではなくて、「充足された概念であり得る」(365)。しかもまた、基本法は、法治国家・社会国家・連邦国家という国家性の型を個別的に示している(366)。したがって、この点において、基本法二条一項における「憲法（適合）的秩序」や、その類似規定を含む基本法一八・二〇・二一条は、かかる国家性の個別的型の基底に存する原型としての「近代国家」モデルを憲法の前提条件として確定している(367)。

第3節　〟憲法の前提条件〟の諸例Ⅱ――市場経済モデル・人間像

1　市場経済モデル

自由主義及び民主主義と並んで、第三の社会モデルとして、クリューガーは、「社会が四方八方へ際限なく拡張的で、かつ、力・富などの際限なき累積を目指す個人から構成されるという想定」を根底に据える社会モデルを、憲法の前提条件に据えている(368)。ここでは、かかる個人の力・富の拡張・累積が対外的限界を経験することなく、むしろ、これらは他の個人の犠牲の上に成立することが期待されており、こうした競争のモデルは、現実には、市場経済の中において見出されてきたとされる(369)。

このことは、たとえば基本権規定との脈絡では、ことに基本法九条三項が引き合いに出され得よう。同条項は、「労働条件および経済条件の維持および改善のために団体（=Vereinigungen）を結成する権利」を保障している。〟基本法九条三項中の Vereinigung〟を指す講学上の概念としての Koalition＝団結体は、労働組合（＝Gewerkschaft）のみならず使用者団体（＝Arbeitgeberverband）をも含む概念であると説明される(370)。したがって、かかる条項の保障内容は、――日本における労働基本権の一つとしての団結権とは異なり――労働者側の利益を実現する労働組合を結成する権利のみならず、使用者側の利益を実現する使用者団体を結成する権利をも包含している(371)。そして、クリューガーの所説に従えば、同条項に基づいて設立される団体（結社）には、市場経済のごとき競争のモデルが義務付けられているとされ、そのことは、一般に「基本権が国家に対する防御権であり、そして、同胞に対する拡大権・増大権（＝**Ausdehnungs- und Steigerungsrecht**)」であるといわれることからも裏付けられるという(372)。

こうした競争を中核的要素とする市場経済モデルを憲法の前提条件として観念し、かつ、保護することは、むろん、かかるモデルに相容れない社会モデルの否定ないし禁止を意味しているといえる。のみならず、こうした考察は、市場経済モデルから浮彫りになるところのかかるモデルの構成員としての一定の人間像に関する議論へも接続することとなる。

2　人間像——基本権享有主体としてのそれを中心として

(1)　前提観念としての攻撃的・合理的人間像——防御権的文脈における

成文(成典)憲法がその前提条件として据えるところの人間像も問題となり(373)、また、「前憲法」として認識されるべきところのものといわれる(374)。法的な自由・権利を前項においてみたような人間観で理解するのは、I・カントの非社交的社交性の観念を彷彿とさせるところがあろう。カントは、人間のアンタゴニスムスをその〝非社交的社交性〟として名付けた上で、次のように論じている。

「……非社交的特性がなければ、人々はいつまでも牧歌的な牧羊生活をすごしていたことだろう。そして……すべての才能はその萌芽のままに永遠に埋没してしまっただろう。人間たちは自分たちが飼う羊のように善良であるだろうが、自分たちには飼っている羊たちの同じくらいの価値しかないと考えるようになっただろう。……だから人間は自分たちの非社交性、たがいに妬み、争いを求める嫉妬心をそなえていること、決して満たされることのない所有欲に、ときには支配欲にかられていることを、自然に感謝すべきなのである。こうしたものがなければ、人間のうちに秘められた総ての傑出した自然の素質は、永遠に目覚めることなく、眠りつづけただろう。人間は協調を欲する。しかし人間に何が必要であるかをよく知っている自然は、人間に不和を与えることを選んだのである」(375)。

要するに、カントの人間観においては、アナーキーにして平和的な夢想が拒絶され、人間のアンタゴニスムスの正当化が試みられているわけである。

このようなカント流の人間観に対する承認は、イーゼンゼーにおいても行われている(376)。そこでは、政治的理性の具現としてのリバイアタンの課題は、人間の攻撃潜在力を排除することという点に存するのではないとされる。すなわち、基本権が解放する精神的競争、民主的原理における政治的競争もそうであるが、経済的競争においてもまた、かかる攻撃潜在力を公共の福祉のための活力源として役立てるという点に存するということである。そして、憲法国家的制度を超えて、攻撃潜在力が暴力行為へと解放されるのではなくて、まさに「非社交性」(＝Unvertragsamkeit)は活動性(＝Regsamkeit)に、攻撃は論争に変化すると論ぜられる。彼によれば、「これによって、憲法国家が生存するところの根本的緊張は、闘争的自由の創造的原理と普遍的法律の秩序的原理との間において、認識可能となる」とされるが、のみならず、まさに成文（成典）憲法が前提とする人間像もまたそこにおいて認識可能なものとなるのではなかろうか。さらには、G・ラートブルフにおいても、かかる人間像は、ルネサンス・宗教改革・ローマ法継受以来、法における人間像がいわば〃商人像〃として理解されてきたことが確認されており(377)、こうした人間像は、広く認識・承認されてきたものといえよう。

（2）生の現実としての人間像――非防御権的文脈における

けれども実際のところ、現実の人間像は、単に闘争的精神のみに依拠しているものではない。こうした人間像は、ラートブルフにおいても「仮構的構成」ないし「虚構」とされており(378)、また、クリューガーによっても法における人間像は、「……間違いなく天使ではあり得ないし、他方でかかる人間に潜む野獣でもない」(379)とされる。類似の言辞においてH・L・A・ハートもまた、「人間は悪魔ではないとしても天使でもない」(380)としている。ハートは、法的ないし道徳的ルールが「自然法の最小限の内容」として特定の内容を含まねばならないことの理由が、一定の自然的事実によって示されているとし、かかる自然的事実の一つとして人間は、「限られた利他主義」たる性質をもつと論じる中で、こうした人間の性質を承認している。

自然的事実としての人間像について、前述のごとくカント——より古典的にはT・ホッブズ——の想定におけるように、もっぱら攻撃的傾向を有するものとして把握するにせよ、〝限られた利他主義〟的に把握するにせよ、一定の目的のために、これが制御されるべきであると考えられるのであれば、他方で、そのような目的に差し向けられたモデルとしての人間像もまた想定されよう。ここでは、自然的事実としての人間像と、かかる制御モデルとしての人間像が対峙的構図を示すこととなる。

もっとも、成文（成典）憲法における（あるいはそれが前提とする）人間像は、そのような自然的事実としての人間像に対する制御についての考慮のみから導出されるものではなかろう。法が前提とする人間像は、存在しない人間を考慮するものでもなく、あるいはまた、存在する人間に満足するものでもないとされる(381)。というのも、成文（成典）憲法における（あるいはそれが前提とする）人間像は、規範性を有しており、かつまた、それゆえに当然実効的なものでなくてはならないはずであるから、社会における「社会的理想」と広範に乖離すること——すなわち、クリューガーにおいては過度に勤勉な、あるいは、過度に享楽的な人間を据えることとされる——は(382)、かえって規範性を滅却せしめることとなる。このことは、たとえば、よく知られているように、アメリカにおける一九二〇年から一九三〇年代初頭における禁酒法の事例(383)が示す歴史からも明らかであろう。

ところで、成文（成典）における人間像という命題に関連して、ドイツ連邦憲法裁判所は、投資助成判決(384)の中で、次のように判示している。

「〔基本法の〕人間像は、孤立・超然とした個人という人間像ではなくて、基本法は、むしろ、この際、人固有の価値を害することなくして、人の共同体被結合〔拘束〕性の意味において、個人――共同体という緊張関係に決断を下している」(385)。

クリューガーの評価によれば、ここにいう「人の共同体被結合〔拘束〕性」とは、すなわち、いわゆる公共の福祉論において論じられるところのものである。そして、こうした社会性を具有する人間像は、基本権の防御権たる性質それ自体からは直接に演繹されず、むしろ、基本権に対するかかる理解からは社会性の否認が導かれるとされる(386)。基本権的文脈から、「人の共同体被結合〔拘束〕性」が否認されるとする説明は、さきに紹介したカントにおける人間の〝非社交的社交性〟のテーゼを考えても首肯できることである。

だとすると結局のところ、基本的には人間の闘争的精神を根底に据える自由権的基本権的文脈と、人間の協調的精神を頼りにする公共の福祉論的文脈において、規範的性質を具有する憲法の前提条件としての——特に基本権享有主体としての——人間像が見出されるという至極当然の、あるいは、優れて普遍的な帰結が導かれるだけのようにも思える。

(3) 規範的人間像の導出関数としての国家・国民的特殊性と政策テーマ

かかる規範的性質を有する人間像の導出に際しては、生の現実における人間像が、たとえば、いかほどに〝闘争〟的であるか、あるいは、いかほどに〝協調〟的であるかが考慮されなければならない。このようなベクトル上のいかなる位置において、生の現実における人間像が観測されるかについては、問題となる成文（成典）憲法が対象とする国家・国民共同体ごとに特徴を示しうるだろう。すなわち、いかなる文化的諸要素——政治、法、宗教、歴史などの国家・国民的特殊性——を共有しているのかという、いわば地政学的所与性が、ある個別・具体的な国家・国民共同体における生の現実における人間像の特徴に影響を与え、場合によっては異なる国家・国民共同体との間において差異を生じさせうるということである。

けれども、同一の国家・国民共同体の同時期であっても、たとえば〝闘争〟——〝協調〟あるいは〝利他・享楽〟——〝攻撃・勤勉〟などのベクトル上において、生の人間像について常に一定の位置を示すものではない。すなわち、ある国家・国民共同体は、闘争的であるとか、別のある国家・国民共同体は協調的であるとかいう、一義的な評価は適当ではないということである。そこではさらに、ある政策テーマについては〝闘争〟的であるとか、別のある政策テーマについては〝協調〟的であるとかいうような、論及の対象となる政策テーマごとに生の人間像が理解されなければならないであろう。これらのゆえに、規範的人間像を導出するための手掛かりとなる現実における生の人間像の性質を理解するにあたっては、①国家・国民共同体の特殊性と、さらに②同一の国家・国民共同体における政策テーマごとの傾向性という、関数を考慮する必要性があるということである。

この点、たとえば、日本の民法九〇〇条四号但書前段の定める非嫡出子の法定相続分規定にあっては——もっとも同規定については近時憲法適合性判断が問われ違憲との判例変更がなされ法改正されたが——、非嫡出子出生数が比較的少ないところにおいて、あるいは、法律婚を尊重する国民感情が根強いところにおいて、その意義をより獲得するものであった(387)。

したがって、基本権享有主体としての人間を論じているところにおいてもまた(388)——統治原理を論ずる場合ほどに直接的ではないものの——、当該の個別的・具体的国家ないし国民的特殊性は、表出するものとなる。

第4節　小　括

憲法領域に限らず法は、かかる法の外部における諸存在に、その実効性条件と内容的淵源を有している。これを憲法領域においては、〝憲法の前提条件〟なる枠組みの下に理解しようとする見解を紹介するのが本章［本書第5章］の目的の一つであった。その問題点は様々に指摘されてはいる。けれども、ラディカルな方法二元論的思惟の下に法規範とそれに対応する現実とを完全に切断して、法学の営為をして専ら前者の下にのみ収斂せしめようとすることは、――個別的・具体的国家像あるいは国民像を模索しようとし、あるいは、それが法解釈においても必要と考える著者の立場からすれば――どこまで意義のあることであるのか疑問なしとしなかった。また、法が現実を獲得し実効性を有することが法にとって等閑視できない問題であるとするならば、法学が規範科学であるということが直ちに現実を顧慮しなくて構わないということにはならないはずである。主として、こうした視点が本章の総論部分［第5章第1節］において指摘されたことであった。

かかる着眼を出発点として、本章［第5章］においてはその各論部分［本章第2節及び同第3節］において①国家及び国民、②市場経済モデル、③人間像に整理をして私見を展開した。――その細部についてはここでは再び繰り返さないが――これらを要するに、成文（成典）憲法が何らかの諸存在を前提とすることのみならず、そうした諸存在は、ただ一般的・抽象的哲学的思惟に規定されるだけではなくて、個別的・具体的国家像あるいは国民像の差異ないし多様性に応じて振幅するということの指摘である。

法解釈というのは、その実、際限のない解釈帰結を生ぜしめる可能性をもつ営為ではないかとの考えを著者は抱懐している。言語哲学者H・パナトムにおいて示される例にもあるように、〃猫がマットの上にいる〃という文を〃カラスが木の上にいる〃という意味で解釈しても矛盾は生じないとされる(389)。けれども、かような前憲法的諸存在に対する顧慮なくして生じた解釈が――現実に妥当するのかという意味において――どこまで意義を持ち得るのかを憂慮せざるを得ない。したがって、各々の国家におけるこのような前憲法的諸存在は、具体的な成文（成典）憲法の解釈指針――場合によっては新憲法制定の指針――として、あるいは、成文（成典）憲法中の諸規定を序列化する機能をもつものとして把握することが適当であろう。

このように論じ、かつ、かかる観点を基にすると、そうした諸存在、あるいは、そうした諸存在の表現形態たる憲法条規をいかにして保護し得るのかという疑問を当然に生ぜしめよう。このような疑問に対して著者が以下に提供しようとする回答は、畢竟、格別目新しい帰結をもたらすものではないかもしれない。しかし、この著者の回答に類似の既存の理論枠組みを強化する程度の意義は少なからずあるのではないかとも思われる。いずれにせよ、その提示と検討の場は、次章［第6章］において与えられることになる。

註

(285) *Möllers*, a. a. O (Anm. 17)., S. 257
(286) 五十嵐清『契約と事情変更』（有斐閣、一九六九年）七二頁。
(287) *Krüger*, a.a.O (Anm. 17)., S. 287.
(288) Ebenda.
(289) *Möllers*, a. a. O (Anm. 17)., S. 256.
(290) *Krüger*, a. a. O (Anm. 17)., S. 287.
(291) *Möllers*, a. a. O (Anm. 17)., S. 257.
(292) *Krüger*, a. a. O (Anm. 17)., S. 288.
(293) Ebenda.
(294) *Möllers*, a. a. O (Anm. 17)., S. 258.
(295) *Möllers*, a. a. O (Anm. 17)., S. 258. この点については、彼において、「憲法全体の妥当性（=Geltung）あるいは実効性（=Wirksamkeit）の喪失が差し迫っているのだろうか。この議論は、ここでは、明らかでない」と論じられている。
(296) クリューガーはまた、この点につき、「たとえば憲法がある一定の人間像によって裏張りされる場合、一つのそうしたイメージ（=Bild）に対応する人間が必須の数と性質において発見されるか否かは、こうした憲法によって構成された国家にとってどうでもよいことではない」（*Krüger*, a. a. O (Anm. 17)., S. 287.）と述べている。
(297) 憲法の規範力については、さしあたり、Vgl. *Hesse*, a. a. O (Anm. 223)., Rdnr. 41-48. ヘッセ・前掲書（註

223）二三-二八頁、T・ビュルテンベルガー（高橋雅人訳）「憲法の規範力」比較法学四六巻二号（二〇一二年一二月）一二九頁以下。

(298) *Möllers*, a. a. O (Anm. 17)., S. 258.

(299) ところで、この点についての管見は、イーゼンゼーが、近代国家における「市民のア・プリオリな義務」あるいは「国家を構成する基本義務」（staatskonstituierende Grundpflichten）として、平穏義務、法服従義務及び連帯義務を挙げていることに関連し得ると思われるが（*Isensee*, a. a. O (Anm. 6)., Rdnr. 21, 82 ff.）、これに関する検討は次章［第6章］において論ずることとする。

(300) *Isensee*, a. a. O (Anm. 6)., Rdnr. 82; 89.

(301) *Möllers*, a. a. O (Anm. 17)., S. 258.

(302) *Isensee*, a. a. O (Anm. 6)., Rdnr. 7.

(303) Ebenda. このほか、拙稿・第二論文一七四-一七五頁［本書第3章第4節］。

(304) *Hans Kelsen*, Hauptprobleme der Staatsrechtslehre: Entwickelt aus der Lehre vom Rechtssatze, 1911, S. 93-94.

(305) Ebenda.

(306) *Georg Jellinek*, Die rechtliche Natur Staatenverträge, 1880, S.43; ders, Gesetz und Verordnug, 1887, S. 235.

(307) 笹倉秀夫『法哲学講義』（東京大学出版会、二〇〇二年）七六頁。

(308) 古野豊秋「法規範の Geltung と Wirksamkeit――H．ケルゼンにおける法規範の妥当性論を素材として」ドイツ憲法判例研究会編（古野豊秋・三宅雄彦編集代表）『講座 憲法の規範力〈第1巻〉 規範力の観念と条件』（信山社、二〇一三年）一〇一頁。

(309) この点については、さしあたり、長尾龍一『ケルゼン研究Ⅲ』（慈学社、二〇一三年）八一頁以下参照。

(310) *Hans Kelsen*, Über Staatsunrecht, Zeitschrift für Privat-und öffentliches Recht der Gegenwart, 40. Bd., S. 3 ff.

(311) 長尾・前掲書（註309）九八頁以下。

(312) A・カウフマン（宮沢浩一・小林宏晨訳）「類推と〝事物の本性〟——類型論に関する一試論」同（宮沢浩一ほか編訳）『現代法哲学の諸問題——法存在論的研究』（慶應義塾大学法学研究会、一九六八年）二二〇-二二二頁。カウフマンによれば、解釈（interpretetito）とは文字通りには正しい「中心」を規定することであり、明確性がないところに初めて開始され、解釈が「可能な語義」まで及ぶとされる場合、これはすでに類推の中心点にいることにほかならないとされる。

(313) 拙稿・第一論文五七-五八頁［本書第2章第1節］。*Isensee*, a. a. O (Anm. 6)., Rdnr. 43-44. Vgl auch: *G. W. F. Hegel*, Grundlinien der Philosophie des Rechts (1821), hg. v. Johannes Hoffmeister, 1975, § 273, S. 239.; *Odo Marquardt*, Ende des Schiksals? (1976), in: ders, Absied vom Prinzipiellen, 1981, S. 76 ff. Titelessay, ebd., S. 16 ff.; *ders.*, Zukunft braucht Herkunft, in: ders., Philosophie des Stattdessen, 2000, S. 66 ff.

(314) *Möllers*, a. a. O (Anm. 17)., S. 258.

(315) このようなケースにおいて反成文（成典）憲法的な事象を理解するための枠組みとして、憲法変遷論があることは、周知されている通りであるが、ここでは立ち入らない。

(316) *Krüger*, a. a. O (Anm. 17)., S. 285. においても、〝憲法の前提条件〟は、「不文憲法」や「イギリス憲法の憲法習律」に関連性を有するものと示唆されている。

(317) *Jellinek*, a. a. O (Anm. 158)., S.344.

(318) ビュルテンベルガー・前掲論文（註297）一三〇頁。

(319) 拙稿・第一論文四九頁［本書第1章第1節］。「……目下の成文（成典）法規範としてのVerfassungに事実としてのVerfassung——そこには純然たる事実のみならず、勿論のこと、現行法秩序の中で規範化されているか否かを問わず、旧法秩序の下に於いて規範的に既に基礎付けられた経緯のあるものをも含まれる——が時系列的に前置している」。

(320) もっとも、かかる憲法より下位の法規範たる諸法令それ自体が憲法違反を構成する余地もあるために、憲法の最高法規性の観点から、法律による憲法解釈という定式が一般に承認されるべきではない。

(321) たとえば、日本の皇位継承について、日本国憲法（昭和二一年一一月三日憲法）では、周知の通り、その第二条において「皇位は、世襲のものであつて、国会の議決した皇室典範の定めるところにより、これを継承する」と定めているに留まる。ところが、同時期に制定された皇室典範（昭和二二年一月一六日法律第三号）第一条においては「皇位は、皇統に属する男系の男子が、これを継承する」と定められている。さらには、旧皇室典範（明治二二年二月一一日）第一条において「大日本国皇位ハ祖宗ノ皇統ニシテ男系ノ男子之ヲ継承ス」と定められていること、前近代において男系の女性天皇の例は見られても女系天皇の例が存在しないことからすれば、少なくとも「男系」による皇位継承は、憲法の前提条件といえる。この点、欧州王室との差異について簡潔に言及したものとして、さしあたり、百地・前掲書（註87）九一頁以下参照。

(322) *Möllers*, a. a. O (Anm. 17)., S. 258.

(323) 本章［本書第5章］第1節2参照。

(324) *Möllers*, a. a. O (Anm. 17)., S. 258.

(325) 「コリント人への第二の手紙」（手紙 A-3-6）青野太潮訳『新約聖書Ⅳ　パウロ書簡』（岩波書店、一九九六年）一二八頁参照。さらに「マタイ福音書」（五章一八節）田川健三訳著『新約聖書　訳と註　1　マルコ福音書／マタイ福音書』（作品社、二〇〇八年）六〇頁参照。

(326) *Krüger*, a. a. O (Anm. 17)., S. 289. 法の実効性（＝Wirksamkeit）とは、一般にも、「法が実際に遵守されていること（社会学的認識の問題）」であって、「法をめぐる人間の意識の有り様に関わる」問題であるとされている。ちなみに、法の妥当性（＝Geltung）は、実効性（＝Wirksamkeit）問題とは一応区別されるが、しかしこれも終局的には現実の人間の意識に関わるものである。この点の説明については、さしあたり、笹倉秀夫『法哲学講義』（東京大学出版会、二〇〇二年）七六頁参照。

(327) *Krüger*, a. a. O (Anm. 17)., S. 289.

(328) *Isensee*, a. a. O (Anm. 6)., Rdnr. 89.

(329) ドイツ語の Gewalt 概念がラテン語の vis 及び potestas 両概念に区分されることは、ここでは、ことさらに立ち入らないこととしたい。Vgl. *Isensee*, a. a. O (Anm. 6)., Rdnr. 87 ff.

(330) 法における強制については、さしあたり、田中成明『法学入門』(有斐閣、二〇〇五年) 六三-六五頁。

(331) イーゼンゼーは、強制は服従を実現する手段ではあるものの、強制は服従の代替ではない旨を指摘している (*Isensee*, a. a. O (Anm. 6)., Rndr. 89.)。そのほか、この点に関連して彼は、ヘーゲルに従いつつ、「法と権力との間に、主人と使用人との関係が存在する。しかし、ヘーゲルが示すように、主人は、単に、使用人を手中に治めることによって主人であるに過ぎず、従って、かかる使用人に依拠しているのである。権力は、これまた同様に、そこに存在する装置のためにあるのではなくて、市民の服従の容易を手中にすべく存在しているのである」とも述べている (*Isensee*, a. a. O (Anm. 6)., Rndr. 99.)。

(332) イーゼンゼーにおいてもまた地政学的所与性の重要性が指摘されている。*Isensee*, a. a. O (Anm. 6)., Rdnr. 44. 拙稿・第一論文五八頁。

(333) *Hesse*, a. a. O (Anm. 223)., Rdnr. 42. ヘッセ・前掲書(註223)二四頁によれば、「憲法がどの程度この通用性(=Geltung)〔=現実的通用性〕を首尾よく獲得しうるかは、むしろ、憲法の規範力の問題である」とされる。

(334) かかる憲法価値については、「国柄」という語を当てて理解することが多いように思われる。このような価値を定める規範としても憲法を位置付けようとする立場としては、たとえば、百地・前掲書(註87)三七頁以下、司馬遼太郎の言辞を好意的に引用する佐藤幸治『日本国憲法と「法の支配」』(有斐閣、二〇〇二年) 一九二-一九三頁がある。このほか、拙稿・第三論文一〇三頁〔本書第3章第3節2〕、拙稿・第一論文五三頁以下〔本書第1章第3節2〕も参照。

(335) *Hesse*, a. a. O (Anm. 223)., Rdnr. 41. ヘッセ・前掲書(註223)二三頁。

(336) *Hesse*, a. a. O (Anm. 223)., Rdnr. 43. ヘッセ・前掲書(註223)二四-二五頁。

(337) *Hesse*, a. a. O (Anm. 223)., Rdnr. 44. ヘッセ・前掲書(註223)二五頁。

(338) たとえば、手許にある『岩波判例基本六法』における「憲法の判例について」と題する案内文の中では、「憲法判例の研究は、……次の点に留意することが必要だと思う。……憲法を最高法規とする硬性憲法の下では、『生ける法』としての判例も、他の法の分野で説かれるほど強い意味の法形成作用は認められないと解されることである」とされている。

（339）　拙稿・第三論文一〇三-一〇四頁［本書第3章第3節2］、拙稿・第一論文五三-五四頁［本書第1章第3節2］。

（340）　たとえば、――社会契約論的構成を前提するにせよ、しないにせよ――国家の第一の普遍的目的を「安全」（**Sicherheit**）と据え得るならば、対内的なそれを維持するために警察権ないし刑罰権が確保されなければならないことはもとより、対外的なそれを維持するために――少なくとも――個別的自衛権は認められなければならない。したがって、「安全」という国家目的が普遍的にして、しかもプライマリーなものであるならば、かかる国家目的の実現を根底から阻止あるいは放棄する個別の憲法条項は、そのような解釈を導出する限りにおいて、始原的に問題を抱えており、国家哲学的思惟を反映しているものとはいえないこととなろう。このことはちょうど公序良俗に反する契約行為が無効（民法九〇条）と判断されるのと類似の論理構造を示している。契約自由の原則が民法九〇条によって制約を受けるのと同様にして、少なくとも国家の本来的機能を阻害するような制憲行為は制約を受けるということである。

ちなみに、日本国憲法九条を憲法変遷したものとして把握する代表論者として橋本公亘『日本国憲法』（有斐閣、一九八〇年）四三〇-四三一頁参照。また、憲法調査会『憲法調査会報告書』（一九六四年七月）三三四頁においても、ライホルツが同条について、「……『憲法の変遷』であり、『違憲の憲法規範』が成立したとみるべきで、改正すべきである」と意見していることが紹介されている。「違憲の憲法規範」については、元々O・バホッフによる概念と思われる（*Otto Bachoff*, **Verfassungswidrige Verfassungsnormen? (1951)**）。これについては、一部の例外を除き、日本においては必ずしも議論が盛んとはいえないが、邦語による紹介あるいは関連問題の検討を含む文献としては以下のものがある。

川添利幸「バッフォフ《違憲の憲法規範？》（紹介）」『憲法保障の理論』（尚学社、一九八六年）一〇九頁以下、高野敏樹「憲法保障と憲法改正の合憲性――憲法改正に対する違憲審査の可能性をめぐって――」

佐藤功先生古稀記念（芦部信喜・清水睦編）『日本国憲法の理論』（有斐閣、一九八六年）、大隈義和『憲法制定権の法理――「違憲の憲法」との関連で――』（九州大学出版会、一九八八年）、また最近では、青柳卓弥「憲法修正に対する司法審査――我が国に於ける憲法改正論議への理論的視座として――」法政論叢三一号（一九九五年五月）、工藤達朗「憲法改正の違憲審査」栗城壽夫先生古稀記念（樋口陽一・上村貞美・戸波江二編）『日独憲法学の創造力 下巻』（信山社、二〇〇三年）。

(341) *Grimm*, a. a. O (Anm. 42)., Rdnr. 1.

(342) 拙稿・第一論文四五頁以下。

(343) 拙稿・第三論文八七頁以下・一〇一頁以下［本書第3章第1節2及び同第3節］。

(344) モンテビデオ条約（一九三三年）一条は、次のように規定している。

「一条　国際法人格としての国家は、次の要件を要する。

a　永久的住民

b　明確な領域

c　政府

d　他国と関係を取り結ぶ能力」

この他、関連する事項として国際司法裁判所規程（一九四五年）三四条一項においては、当事者能力について次のように定められている。

「三四条

一　国家のみが、裁判所に係属する事件の当事者となることができる。〔二項以下略〕」

さらには、友好関係原則宣言（一九七〇年・国際連合総会決議2625（XXV））中の国の主権平等の原則においても、国家の法人格が確認されている。

(345) 拙稿・第二論文一六六頁［本書第1章第2節］。

(346) *Krüger*, a. a. O (Anm. 17)., S. 293.

(347) 国家の存在ないし支配の正当化（正統性）に関する議論は、現在の憲法学にあっては、二つの観点が考えられるといわれている。すなわち、「一つは、権力の由来（うまれ）によって、もう一つは、権力の果たす役割（はたらき）によって正当化するということであ〔り〕」、前者については憲法制定権力理論、後者については国家目的論の枠組みが当てられる。工藤達朗「国家の地位と任務」法学教室二一二号（一九九八年五月）五頁参照。

(348) 著者がこのような留保を付すのは、イーゼンゼーの憲法制定権力理論に対する理解を意識しているものである。この点については、イーゼンゼー・前掲書（註15）四三五頁以下参照。

(349) この点にまつわる若干の例証については、拙稿・第一論文五一頁以下［本書第1章第3節］。

(350) 継受の憲法理論に纏わる若干の紹介については、拙稿・第一論文五七頁以下［本書第2章第1節］。また、同拙稿において紹介した継受の憲法理論と類似したテーゼとして、租税法学者の中里実が唱えている〝憲法における借用概念論〟——借用概念論とは元来租税法学上の理論のようであるが——が存在する（中里実「憲法上の借用概念と通貨発行権——憲法が前提とする憲法外の法概念・法制度」高橋和之先生古稀記念（長谷部恭男ほか編）『現代立憲主義の諸相 上』（有斐閣、二〇一三年一二月））。

その論ずるところ、すなわち、成文（成典）憲法が他の法分野の概念を用いていることについて、「……租税法における借用概念と同様のことは、成文憲法とそれが前提とする憲法外の法制度・法概念との間でも生ずると考えている。これが、憲法上の借用概念である」とされ、また、成文（成典）憲法において明文の定めのないものについても、同様に考えられるとしている（同六四七-六四八頁）。さらに、借用概念論の一種としてドイツ租税法学上の **Rezeptionsthese** を挙げつつ、これと同様に借用概念論の下では、「……法律改正により憲法上の概念の内容が変更を被るという事態が生じ得る。……法律改正により憲法上の概念の内容が変更を被るという事態が生じても、憲法による概念修正の枠内にとどまる限り基本的に問題はな〔い〕……」とされる（同六四八頁・六五七-六五九頁）。ここでは、借用概念の対峙概念として固有概念が据えられており、中里は、「人権規定と、統治機構の構造（だけ）は、……これを憲法上の固有概念と呼ぶことができよう」（同六五一頁）とも論じている。

これらについては、①そこで憲法の固有概念とされているものがあまりに抽象的過ぎるがために、したがって、そもそも憲法における借用概念なるものの外延もまたそこまで明瞭なものとなっていないのではないか、あるいは、②借用概念でありさえすれば憲法上の概念の内容を変更し得るとされる法律改正には何らの規律も及び得ないのか、などとの疑問をなしとしないところがある。

けれども、成文（成典）憲法が前提としているものが、成文（成典）憲法それ自体、あるいは、それより下位の法規範において適切に継受され具体化されている場合に、成文（成典）憲法上の諸概念が憲法典外の諸要素――たとえば国家史や国民生活――を反映した、成文（成典）憲法よりも下位の法規範によって、定義されるところがあるとするとの読み方を加えることが許されるとすれば、〝継受の憲法理論〟に基本的枠組みにアナロジーなところがないこともない。なお、このテーゼに関する立ち入った検討は、論点の拡散を防ぐ観点から本書では行わず、機会があれば別稿において行うこととしたい。

(351) *Kirchhof*, a. a. O (Anm. 63)., Rdnr. 69. 同旨として、小嶋・前掲書（註70）五〇四頁。

(352) こうした国家構造の継受をドイツの連邦参議院に視点を当てて考察したものとして、拙稿・第一論文五九頁以下［本書第2章第2節］。

(353) 拙稿・第二論文一七三頁［本書第3章第1節］。したがって、著者は、国家の前憲法性の確認方法の一つとして法人性検証を用いたが、このことは、単に権利能力主体として連続性を有するという形式的側面を重視しているのではなくて、それが法人（団体）という組織体であって、組織体であるからには組織構造を有しているという点に着眼しているものである。

(354) イーゼンゼー・前掲書（註15）「法的・前法的国民」四一五頁。同旨として、*Isensee*, a. a. O (Anm. 6)., Rdnr. 125. Vgl. Auch *Hermann Lübbe*, Sbscheid vom SuperStaat, 1994, S. 38.

(355) *Möllers*, a. a. O (Anm. 17)., S. 261-262.

(356) *Möllers*, a. a. O (Anm. 17)., S. 262.

(357) *Isensee*, a. a. O (Anm. 6)., Rdnr. 19.

(358) *Möllers*, a. a. O (Anm. 17)., S. 262.

(359) Ebenda.

（360）*Grimm*, a. a. O (Anm. 42)., Rdnr. 2.
（361）*Möllers*, a. a. O (Anm. 17)., S. 262.
（362）すなわち、近代的な憲法国家の成果は、「共同体が成文（成典）憲法によって組織されている場合に、高権的に組織化された共同体をただ国家として承認したこと」であるが、「こうした国法上の留保は、もっとも、成文（成典）憲法が国家を生み出し得たとされることを意味するものではない。むしろ、成文（成典）憲法は、〔国家が〕構成される可能性（Konstitutionsfähigkeit）――〔すなわち〕根本的国家性――の最低限がすでに存在する場合に、まず準備され、決定され、公布され得るのである」と。
（363）*Krüger*, a. a. O (Anm. 17)., S. 294.
（364）Ebenda.
（365）Ebenda.
（366）Ebenda.
（367）Ebenda.
（368）Ebenda. クリューガーは、これゆえに、この近代国家という国家性から要求されることとは、Allgemeinなことについての Allgemeinheit の支配であるとも論じている（*Krüger*, a. a. O (Anm. 17)., S. 297.）。
（369）*Krüger*, a. a. O (Anm. 17)., S. 298.
（370）永田秀樹「ドイツにおける法人の人権および結社の自由」立命館大学人文科学研究所紀要八四号（二〇〇四年三月）八九頁。
（371）永田・前掲論文（註370）九四頁。
（372）*Krüger*, a. a. O (Anm. 17)., S. 298-299.
（373）*Krüger*, a. a. O (Anm. 17)., S. 300.
（374）Ebenda.
（375）*Immanuel Kant*, Idee zu einer allgemeinen Geschichte in weltbürgerlicher Absicht (1794), hg.v. Wilhelm Weischedel, Bd. VI, 1964, S.38 f.; I・カント（中山元訳）「世界市民という視点からみた普遍史の理念」『永

遠平和のために／啓蒙とは何か 他3編』（光文社、二〇〇六年）四二-四三頁。
(376) *Isensee*, a. a. O (Anm. 6)., Rdnr. 68.
(377) G・ラートブルフ（桑田三郎ほか訳）『ラートブルフ著作集第5巻 法における人間像』（東京大学出版会、一九六二年）五頁以下。
(378) ラートブルフ・前掲書（註377）七頁・一〇頁。彼においては、こうした人間像はその後変容しているとされ、〝集合人〟（Kollektivmensch）としての人間像が重視されている（同一一頁以下）。
(379) *Krüger*, a. a. O (Anm. 17)., S. 300.
(380) H・L・A・ハート（矢崎光圀監訳）『法の概念』（みすず書房、一九七六年）二二四頁。
(381) *Krüger*, a. a. O (Anm. 17)., S. 300.
(382) Ebenda.
(383) 米国合衆国憲法修正一八条一節は次のように規定されていたが（一九一七年提議・一九一九年批准）、一九三三年には同修正二一条によって廃止されている。
「本条の批准から一年が経過した後に、アメリカ合衆国及びその管轄に服する全ての属領において、飲用の目的をもって、アメリカ合衆国内でアルコール飲料を醸造し、販売し、運搬し、またはアルコール飲料を輸入し、輸出することを禁止する」。

本条に関する解説としては、さしあたり、阿部竹松『アメリカ憲法』第二版（成文堂、二〇一一年）六二〇-六二一頁参照。
(384) 第二次世界大戦後まもなくの西ドイツでは、競争経済を基礎としつつも、競争経済から生ずる社会的不公正を国家的介入によって是正しようとする経済政策を採っていた。投資助成法（＝産業経済の投資助成に関する法律）は、こうした政策の下において出されたもので、当時、収益が少なく、必要な投資資金に欠けており、生産量が下落していた石炭採掘行、製鉄業、エネルギー産業に対して、産業経済全体が投資助成の調達を行うことを求めるものであった。
(385) BVerfGE 4, 7 (Urteil vom 20. Juli. 1954). 邦語による紹介として根森健「判批」ドイツ憲法判例研究会編

(386)『ドイツの憲法判例』第二版(信山社、二〇〇三年)三五頁以下参照。

(387)*Krüger*, a. a. O (Anm. 17)., S. 301.

(388)百地章・小関康平「判批」日本法学八〇巻一号(二〇一四年六月)二四一-二四四頁。

(389)ところで、この種のアプローチは、たとえば日本国憲法一三条の解釈論において存する人格的利益説と一般的行為自由説との対立構図とは多少性質を異にする部分がある。というのも、第一に、一三条解釈論における人間像論は、いかなる行為について憲法的保護を与えるのかという権利・自由の保障を問題としているのに対して、ここでは、むしろ、国家が基本権享有主体に、憲法上、いかなる作為・不作為を要求できるかという権利・自由の制約原理ないし制約正当化原理として問題としているからである。もっとも、正当化し得ない制約を受けている権利・自由には憲法的保障を与えるべきと解されるから、その意味では、議論の土俵に共通点もある。第二に、一三条解釈論はいかなる行為が憲法的保護に値するかという規範論の問題であるのに対して、ここでは、むしろ、いかなる規制が実効性を有するか、あるいは、現実的妥当性を有するかという観点から論じている。

H・パナトム(野本和幸ほか訳)『理性・真理・歴史——内在的実在論の展開』新装版(二〇一二年、法政大学出版局)四九頁以下。

第6章　法服従義務・憲法服従義務・憲法尊重擁護義務

第1節　市民のア・プリオリな基本義務

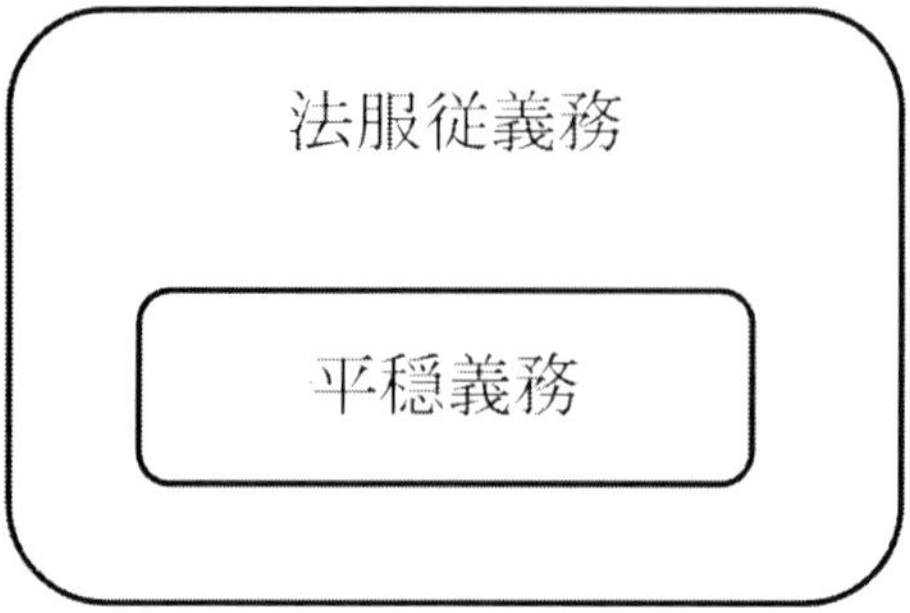

国民の義務は、少なくとも日本の現行憲法において多数規定されているわけではない[390]。それは、おそらく、フランス人権宣言一六条において端的に表現される近代立憲主義的憲法観に基づき、成文（成典）憲法が、国家権力を拘束する規範であり、国民の権利章典であると考えられることの一つの帰結であろう。あるいは、国民が国家統治に服する義務を負っているのは当然であるから、成文（成典）憲法中において国民の義務を逐一記述することは「困難」かつ「不自然」であるのかも知れない[391]。ともかく、憲法学においてもまた、数少ない国民の義務規定に対する関心は、基本権に対する考察に比すると、かなり希薄であるといってよい。

このような近代立憲主義的憲法観についてもまた、イーゼンゼーにおいてもまた、「成文（成典）憲法は、直接に拘束力を有する国家権力の義務を含んでいるが、直接拘束力のある市民義務を含んでいるわけではない」[392]との認識が示されている。けれども、彼のさらに論ずるところによると、「市民のア・プリオリな義務」（die apriorischen Pflichten des Bürgers / die apriorischen Grundpflichten）あるいは「国家を構成する基本義務」（staatskonstituierende Grundpflichten）[393]――以下「市民のア・プリオリな基本義務」という[394]――は、法治国家的民主主義の自明の条件として国家の基礎に存するものであるから、成文（成典）憲法において、ことさらに規定される必要はないとされ[395]、そのような市民のア・プリオリな基本義務とは、平穏義務（die Friedenspflicht）、法服従義務[396]、連帯義務（die Pflicht zum Rechtsgehorsam, die zur Solidarität）であるとされる[397]。

市民のア・プリオリな基本義務のうち、特に平穏義務及び法服従義務は、近代国家の構成要素となる義務であるとされる。平穏義務は、「物理的権力の行使及び脅威が維持され、かつ、摩擦が法という道程へと決着をつけること」、『何人も害するなかれ』（neminem laedere）という命令」を意味するものと定義される[398]。また、法服従義務は、「すべての実質的義務を還元させるところの形式的義務としての、憲法に合致した法律及び法律に合致した個々の行為に従う義務」と定義されている[399]。これは要するに、〝成文法上の具体的義務に従わなければならないという義務〟を意味している。そして両義務の相関については、前者が後者の「実質的中核」と位置付けられている(400)。

第2節　平穏義務

1　安全と平穏義務

平穏義務は、私人は国家が行使するような物理的権力を行使してはならないという、私人による物理的権力の行使の禁止であるがゆえに、かかる義務と近代国家の権力独占性は、相互に根拠付け合っていることになる。そうした権力独占性は、たとえばドイツ基本法三三条四項において、「公権力の行使は、原則として、公法上の勤務関係及び忠誠関係にある公務員に恒常的任務として委ねられる」と定めるところからも確認できる。したがって、同規定から平穏義務を導出することも可能であろう。

市民の平穏は、近代国家の「本質的局面」であり(401)、かつ、その統一が確立されるための条件である(402)。近代国家についてのこうした局面のゆえにこそ、イーゼンゼーもまたT・ホッブズに従いつつ、その第一の目的を「社会の平和化及び安全の全体状況の確立」とするわけであるし(403)、こうした近代国家観に基づく「安全」という国家目的は、それが成文（成典）憲法の規定中に存在するか否かを問わず、一般に認められるといえよう(404)。

このほか、小山剛の整理によれば(405)、K・P・ゾンマーマンもまた、「公共の福祉（Gemeinwhol）」の第一の具体化は「安全（Sicherheit）」であるとした上で、これらについてのみ、「……『国家目的』という概念を用い、それらをさらに具体化した、実定的に設定された諸目的・諸目標については単に国家目標と呼ぶべきである」と論じている。このことからすると、「安全」を国家目的として語る際には、それがことさらに「実定的に設定される」必要性がないものと理解しているとみることができる。しかも、このような「安全」という国家目的が導出されるところの近代国家性は、「政治的自己理解として制憲者にとって政治的な制御課題ではなかった」わけであり(406)、憲法国家（Verfassungsstaat＝立憲国家）にとってはア・プリオリな構造として存在している。このことが認められることによって、「〔法の〕現実的効力条件、並びに、かかる憲法国家の基本権的及び国家組織的制度の法的地平」が開かれ、かかる地平は、「実質的憲法の本質的構成要素を形成する」(407)とされる。すなわち、憲法国家性の内側には近代国家性が層を成しており、こうした重層構造が基本権・統治機構制度の法的基礎となり、かつ、実質的意味の憲法の核心部分の一つでもあるということである。

2　基本権と平穏義務

このように私人の物理的権力は、国家に吸収されたはずのものではあるが、例外的に憲法・法律上(408)の規定において残存しているものがある。たとえば正当な労働争議権の行使は、この一種であるとされる(409)。すなわち、本来であれば労働者には個別の労働契約に基づき就労義務という私法上の義務があるにもかかわらず、このような法的義務を履行せずに、その要求実現のために労働争議権を行使することは、私的権力の一種であるといえるからである。イーゼンゼーにあっては、労働争議権の行使は、「自由主義的憲法がその場を与えるところの非国家的権力の極限的形式」であって、「近代国家の平穏秩序に囲まれた中世的私闘《フェーデ》の残滓」(410)と評価される。けれども、こうした労働争議権の行使は、（イ）社会における敵対者――使用者（団体）など――ではなく、国家に対して向けられ、かつ、（ロ）主権の証（=Souveränitätsprobe）を要求・獲得（=abverlangen）する場合に、限界にさしかかる(411)。その意味で、公務員の労働基本権の制限は、平穏義務を裏付けるものといってよかろう。また、反対に、平穏義務が〝国家――国民〟間において垂直的に適用されることを、公務員の労働基本権制限の根拠とみることもできるかもしれない。しかしながら、日本において、公務員の労働基本権は、「国民生活全体の利益」や「公務員の職務の公共性」などの見地から制限されるものであることが最高裁判例によって判示されており(412)、このような発想はみられない。

平穏義務は、「基本権的及び民主的な自由の可能範囲をも形成している」とされる。それは、すなわち、憲法上の自由権もまた、平穏状態というア・プリオリな留保の下に存在しているということを意味している(413)。このことは、ドイツ基本法八条一項において「すべてのドイツ人は、届出または許可なしに、平穏かつ武器を持たないで集会する権利を有する」と規定されていることに附随的に示されているといえる。このような規定は、一七九一年フランス憲法にも由来している(「平穏かつ武力なき集会の市民的自由」("La liberté aux citoyens de s'assembler paisiblement et sans armes")(414))。

さらに、ドイツ連邦憲法裁は、デモンストレーションの権利の限界について、「人ないし物に対する暴力行為」は、非平和的であって、したがって基本権的には保護されないとし、次のように判示している(415)。

「中世的自力救済権の克服によって、とりわけ弱い少数派の利益のために、権力行使を国家において独占してきた法秩序は、厳格に存続せねばならない。これは政治的プロセスにおける能動的参加のための手段としての集会の保障のための、そして――ヴァイマール共和国時の市街戦による経験が示してきたように――、自由主義的民主制の為の前提条件なのであって、これゆえに欠かすことができないのである。というのも、暴力行為の行使は、自由を限定する措置を誘発させるからである。デモ参加者は、暴力行為的な対決において、最終的には常に国家権力に屈服するであろうし、かつ同時に、デモ参加者によって追求された目標を曇らせているのに対して、デモ参加者が平穏な態度によって勝利し得るだけに、デモ参加者によって、平穏な態度は、ますます期待され得るのである」。

これに加えて、市民の参政権及び政治的自由が提供されるが、これは、市民の政治的平穏をもたらすためのものとしての側面も併せ持つとされる(416)。

3　近代国家・法治国家（憲法国家）的要請と平穏義務

イーゼンゼーは憲法国家への発展段階を、①近代国家(417)、②法治国家、③社会国家として整理しているが(418)、これに従えば、平穏義務は、国家の権力独占主体としての性格からして、すでに近代国家的次元において生じる。そして、――すでにみたように――私的な物理的権力の存するところでは、権利自由を保障し得ないから、法治国家的自由の原理にとっても権力の禁止（Gewaltverbot）が欠かせないことになる。「権力の禁止（Gewaltverbot）は、自由の大枠条件が保持する国家の平穏と法の維持をもたらしている」(419)わけである。そのような法治国家においては、諸関係における摩擦は、「……かかる摩擦が社会自律的に解決されない限り、国家的手続に導かれ、国家の裁判官によって、決定される」ことになる(420)。これゆえに、平穏義務は〝国家――市民〟という垂直関係のみならず、〝市民――市民〟の水平関係にも適用されるものとなる(421)。この点、日本の現行憲法一二条において、国民を名宛人として人権保持義務を規定していることからは、水平関係における平穏義務を導出することができるのではなかろうか。というのも、憲法という権利章典において基本権が保障されるようになれば、基本権は他の基本権との関係において少なくとも内在的制約に服するわけであるから、基本権享有主体者は、かかる制約局面について平穏義務を課されることとなるからである。この意味において、憲法の権利カタログを有する法治国家（憲法国家）において、平穏義務は、その領域を拡大させ、あるいは、顕在化するようになる。

近代国家的地平で直ちに形成される平穏義務は、したがって、法治国家（憲法国家）的地平においても――要するに基本権内在的な制約として――再確認されることになるのであり、本節［第6章第2節］2において示したことはその例証である。

第3節　法服従義務

1　近代国家のメルクマールとしての強制と法服従義務

国法は、国家によって独占されている「権力」（*vis*）としての強制的権限――個人及び社会集団に対する国家の法的優先性、あるいは、国法を一方的に設置・貫徹する能力――によって(422)、その効果的妥当性（=effektive Geltung）を獲得する(423)。市民の法服従は、最終的にはこうした強制的権限が国法に対する「抵抗し難い契機を維持し」、あるいは、「法律上の脅迫による合理的動機付け」が生ぜられるために、実現され得ることとなる(424)。したがって、「法律が効力を生じ得るための形式的及び実質的な憲法の諸制約」もまた、「市民が合憲的法律に対して服従の義務を負っているということを前提としている」(425)とされている。

しかしながら、イーゼンゼーにおいても、「強制は、個々の場合においてのみ、法服従を実現し得るに過ぎない。強制は、全体としての自由な服従の用意（=Gehorsambereitschaft）の代わりではない」(426)と述べられるように、〝強制〟は〝法服従〟を獲得するための手段であって、〝法服従〟それ自体ではない。しかもまた、〝強制〟が〝服従〟を獲得できるという必然性はなく、これゆえにこそ、服従獲得を容易なものとするために、法が適用されるべき個別・具体的国家の国家像・国民像に基づいて、法内容に対して歴史的あるいは現実的な刻印付けが求められるべきことは、著者においても前叙［本書第5章第1節4］で、すでに指摘したところである(427)。

ところで、一般に〝法が強制的なものである〟とされることの意味は、田中成明において、①サンクションによる抑止作用、②サンクションの実行行為、③サンクションの実現が強制保障されていることに分かたれると分析されている(428)。この上で、「〔②の意味での〕……このような物理的実力の現実の行使が少なければ少ないほど、法システムは実効的に作動しており、法にとっては望ましいのである」とか、あるいは、「その実効性が最終的に実力による強制保障によって支えられているという側面は、基底的ではあるが、法システムが円滑に支障なく作動している限り、背後に退いている」と述べられている(429)。したがって、このことからすれば――このうち法以外の「社会規範から区別する識別標識」として、いずれが適当かについては差し置くとしても――、〝強制〟はなるほど確かに、法服従の「基底的」実現手段ではある。しかしながら、むしろ、それは「背後に退いて」こそ、法服従が実現されていることの一つのメルクマールになり得るものとして位置付けられ得るのである。

G・イエリネクにおいてもまた、国家権力と服従との関係について次のように述べられていることは上述のことを裏付けよう。

「国家権力は、その諸機能をただ個人および団体の物的・人的給付によってのみ果たしうる。これらによってのみ国家権力は存在しうるし、目的をもちうるし、目的とされたものを貫徹することができる。このことは、すべての国家にあてはまる。国家の構成員の服従と義務履行の程度に応じて、国家の力と強さとが生じる」(430)。

2 憲法国家における諸権利と法服従義務

法服従の実現手段としての強制的権限は、私的権力を否定し、これを吸収する近代国家性から導出されるが、憲法国家においては、さらに、法の不服従を防ぐための様々な「不満解消のしくみがある」(=abfedern)といわれる(431)。イーゼンゼーによれば、「一般的な論議を解放する自由権」、「市民の政治的作用権及び協力権」、「国家権力(の内部における権限及び手続の分化)、すなわちコントロール及び権利保護の予防装置の内部における権限及び手続の分化」がこれに相当する(432)。

憲法国家において法服従とは、個々の法律について個々の市民から同意を得る必要がないものであって、しかも、それは「外面的な」法服従に過ぎない(433)。前者のテーゼは、――純粋代表的な代表民主制原理(434)から帰結されるものである。後者については、基本権的民主主義の政治的自由によって、法律という「抑圧への批判と言葉による権利」を行使することができることを意味し(435)、このことは、さらにはまた、前者のテーゼにおいて法律の内容に個々の同意を得る必要性を排除している点からしても、かえって、そのような自由の維持を根拠付けることになる(436)。しかしながら、その意味での法律批判の自由には、「法服従を取り消し、かつ、一般的法律に対する『文民的な』ないし戦闘的な不服従を示し、かつ、非国家的抵抗権を民主的規範性に巻き込む権利」までは包含されない(437)。

3　抵抗権と法服従義務

そうした憲法国家的な緩衝装置の保護の下において、「決定統一体」(=Entscheidungseinheit) を構成する所轄機関は、法に従って闘争を終結させる(438)。けれども、法は解釈者を必要とするために、「誰が解釈者であるのか？誰が裁定者であるのか？ (=quis interpretabitur? quis iudicabit?)」というホッブズ流の問い(439)から憲法国家も逃れることはできないとされる(440)。このことは統一的有権解釈の必要性を根拠付けるものともなる。

決定統一体は、原則として「決定に従う関係者の準備性（=die Bereitschaft der Betroffen)」を前提としている(441)。「法的保護（=Rechtsschutz）の一つの課題は、抵抗権を吸収することにあるが、これは、法という最後の言葉が抵抗権の構想の要求を呼び寄せない限りにおいて、成功するに過ぎない」(442)。その実、超実定法的次元あるいは自然法的次元においては、法服従の実現手段ともなるところの「権力は、単に倫理的に拘束された権力として、正統化されているに過ぎない。市民の服従は、これゆえに、抵抗権の留保の下において存在している」(443)。反対に、服従義務もまた倫理的基礎を備えているとされる(444)。したがって、「憲法国家は、全ての国家権力にとって妥当する道徳意識（=Gewissen）という最終的留保が排除されることなく、正統性の基礎を成文憲法上（=verfassungsgesetzlich）実定化すること、あり得る正統性の摩擦を国内的な手続システムに導くこと、これによって抵抗権を誘導し、かつ、抵抗権を吸収することを目指している」(445)。

換言すれば、法服従の実現手段としての権力は、それが倫理的に拘束されている限りにおいて、法不服従の極限形態とも評し得る抵抗権の発動を招来しないに過ぎないことになる。したがって、抵抗権の発動抑制及び吸収をするためには、権力によって実現される法内容に対して、法が適用されるべき個別・具体的国家の国家像・国民像に基づいて、歴史的あるいは現実的な刻印付けが要求されることとなる（抵抗権の発動抑制及び吸収は、そもそも、全ての私的な「権力」（*vis*）を吸収すること、すなわち、近代主権国家体制の維持を目的としている）。このことによって、抵抗権の発動抑制及び吸収に寄与することができるし、このような条件付けを含めた要請を、権力に附着する倫理的拘束と理解することができよう。しかも、――すでに論じたように――この法内容についての条件付けについては、一定の普遍性が確保されなければならないと同時に、かかる法が妥当するところの国家共同体・国民共同体の特殊性もまた考慮されなければならない(446)。普遍性への考慮が権利保障の文脈において顕著に表出し易いものであるのに対して、特殊性への考慮は、とりわけ統治構造の文脈において表出するものと考えられる。その考慮の表象は、たとえばドイツにおいては参院制度(447)がそうであり、日本においては皇室制度(448)がそうであるのかもしれない(449)。

4　成文法と法服従義務

法服従義務がア・プリオリなものであるといっても、それは、実際、様々な憲法文書の中でも言及されてきている。しかし、このような法服従義務は、現在では、その妥当性根拠がア・プリオリなものへと変化し、個別の法律において、ことさらに命ぜられるものではなくなっている(450)。「し

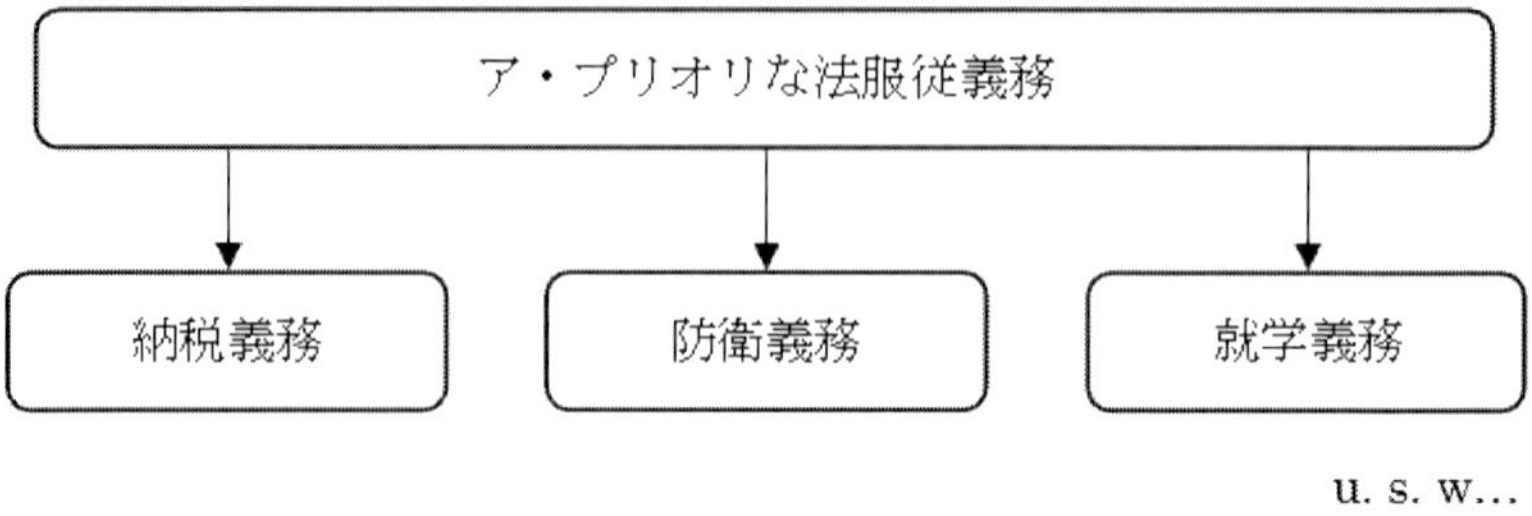

たがって、国家による教育的説示（=staatspädagogischen Anmahnung）の特徴を示すものであって、実定法的義務の特徴を有するのではない」とされる[451]。「法服従についての基本義務は、抽象的かつ形式的なものである。かかる法服従義務は、その内容を個別の法律及び執行行為から充填する。かかる法服従義務は、納税義務、防衛義務あるいは就学義務のような、法治国家的憲法が予定し得る可能な実質的義務への地平を形成している諸義務は、法律の留保を侵害するものではない。こうした諸義務は、個別的に法律によって媒介されることを要するだけである。その内容、射程、違反事例に対する制裁を予定する『諸法律に基づく』ということである」[452]。ひとまず、法服従義務が成文（成典）憲法に編入された例の一部を以下に掲げておきたい。

①一七九五年フランス憲法「人および市民の権利と義務の宣言」義務三条

「各人の社会に対する義務は、社会を防衛し、社会に奉仕し、法律にしたがって生活し、社会の機関である人々を尊敬することである」(453)。

②現行ラインラント‐プファルツ憲法二〇条

「すべての公民は、法律に従い、かつ、公共の福祉に適合するように、物理的及び精神的な力を捧げるという、国家及び憲法に対する忠誠義務を果たさねばならない」(著者訳)。

„Jeder Staatsbürger hat seine Treupflicht gegenüber Staat und Verfassung zu erfüllen, die Gesetze zu befolgen und seine körperlichen und geistigen Kräfte so zu betätigen, wie es dem Gemeinwohl entspricht.“(454)

③現行バイエルン憲法一一七条

「1　各々にとっての妨げられることのない自由の享受は、すべての者がその国民及び憲法、国家及び法律に対する忠誠を果たすことに依拠している。

2　すべての者は、全体の福祉が求めるのに応じて、憲法及び法律を尊重し、公の事柄に関心を向け、かつ、その物理的及び精神的な力を捧げねばならない」(著者訳)。

„1 Der ungestörte Genuß der Freiheit für jedermann hängt davon ab, daß alle ihre

Treuepflicht gegenüber Volk und Verfassung, Staat und Gesetzen erfüllen.

2 Alle haben die Verfassung und die Gesetze zu achten und zu befolgen, an den öffentlichen Angelegenheiten Anteil zu nehmen und ihre körperlichen und geistigen Kräfte so zu betätigen, wie es das Wohl der Gesamtheit erfordert.“[455]

④一八一九年ヴュルテンベルク憲法二一条

「すべてのヴュルテンベルク人は、憲法が明文上の例外を含まない限りにおいて、平等な公民の権利を有し、かつ、同様にして、かかるすべてのヴュルテンベルク人は、平等な公民の義務及び国家的責任への参与に結び付けられており、平等に憲法適合的服従を果たさねばならない」（著者訳）。

„Alle Württemberger haben gleiche staatsbürgerliche Rechte, und eben so sind sie zu gleichen staatsbürgerlichen Pflichten und gleicher Theilnahme an den Staats-Lasten verbunden, so weit nicht die Verfassung eine ausdrückliche Ausnahme enthält; auch haben sie gleichen verfassungsmäßigen Gehorsam zu leisten.“[456]

第4節　憲法服従義務と憲法尊重擁護義務

1　憲法服従義務の地平

法服従義務は、①憲法適合的単純法を通じて、②市民に平等に課されるものである[457]。しかも、同義務について、「法律に従うというア・プリオリな市民義務は、少なくとも成文憲法が法治国家的型に相当し、かつ、国家機関にのみ義務を負わせ、私人に義務を負わせない場合にあっては、したがって、市民に実効的なものとならしめるために、成文憲法の内容が、まず単純法に注がれなければならない場合にあっては、成文憲法を対象にするものではない」[458]と述べられている。すなわち、近代立憲主義に基づく成文憲法は、通常、市民の権利章典であり、かつ、また国権を制限することに眼目が置かれるのであるから、法服従義務の理論にいう「法」とは、成文憲法を意味するものではないということである。

したがって、ア・プリオリなものとしての法服従義務の想定する「法」とは、具体的な諸義務の地平を切り開く（a）憲法適合的な（b）単純法であって、憲法そのものについての服従を規律するものではないから、日本の現行憲法九九条に規定するような、いわゆる憲法尊重擁護義務とはその射程を異にするものである。けれども、ア・プリオリなものとしての法服従義務における論理構成は、著者においては、単純法よりも高次の法的段階に位置する憲法についての服従義務としても、応用的に再構成可能性を有するものとして理解できる。しかも、国民に成文（成典）憲法上、憲法尊重擁護義務を課している例は存在している。

①現行イタリア憲法五四条一項
「すべての市民は共和国に忠誠をつくし、その憲法および法律を遵守する義務を負う」(459)。
②一九七七年ソ連憲法五九条後段
「ソ連邦の市民はソ連邦憲法とソビエト法律を守り、社会主義的共同生活の規則を尊重し、ソ連邦市民という名誉ある照合をはずかしめない義務を負う」(460)。
③大日本帝国憲法上諭四段
「朕カ在廷ノ大臣ハ朕カ爲ニ此ノ憲法ヲ施行スルノ責ニ任スヘク朕カ現在及將來ノ臣民ハ此ノ憲法ニ對シ永遠ニ従順ノ義務ヲ負フヘシ」。

そもそも、法服従義務が単純法を対象とし、憲法をその対象としないことには理由がある。すなわち、〃成文憲法の内容が市民に実効的なものとならしめるために、まず単純法に注がれなければならない場合にあっては〃（前述）、憲法を対象としないに過ぎない。であるから、一般に憲法条規が市民の義務を含む可能性をもつ場合、及び、特定の憲法条規が実際に市民に一定の義務を求めている場合には、憲法を対象とする服従義務への応用を肯定してはいけない根拠はないように思われる。イーゼンゼーにおいても義務の平等性と共に、その法服従義務論の対象となる単純法の憲法適合性が重要視されてはいるものの、かかる法服従義務論の対象となる規範が（b）単純法であることについて力点が置かれているわけではない。

法服従義務論における（b）単純法という条件を除外することができるならば、その理論の対象となる規範の（a）憲法=Verfassung 適合性が核心を占めることになろう。そして、〃成文〃憲法適合性という条件を応用的に再構成するために、これを一般化するならば、法服従義務論の対象となる規範が一層高次の規範に適合的でなければならないことを意味するものとみることができる。しかも、成文（成典）憲法が〃継受の規範〃であると認められるのであれば(461)、成文（成典）憲法にとっての高次の規範とは、かかる〃継受〃すべき価値が存在していたところの体系=Verfassung ということになる。してみると、そのような体系からの継受を受けた――実質的意味（固有の意味）の憲法を含む――憲法の部分については、高次規範=Verfassung に適合的という条件を満たすことと

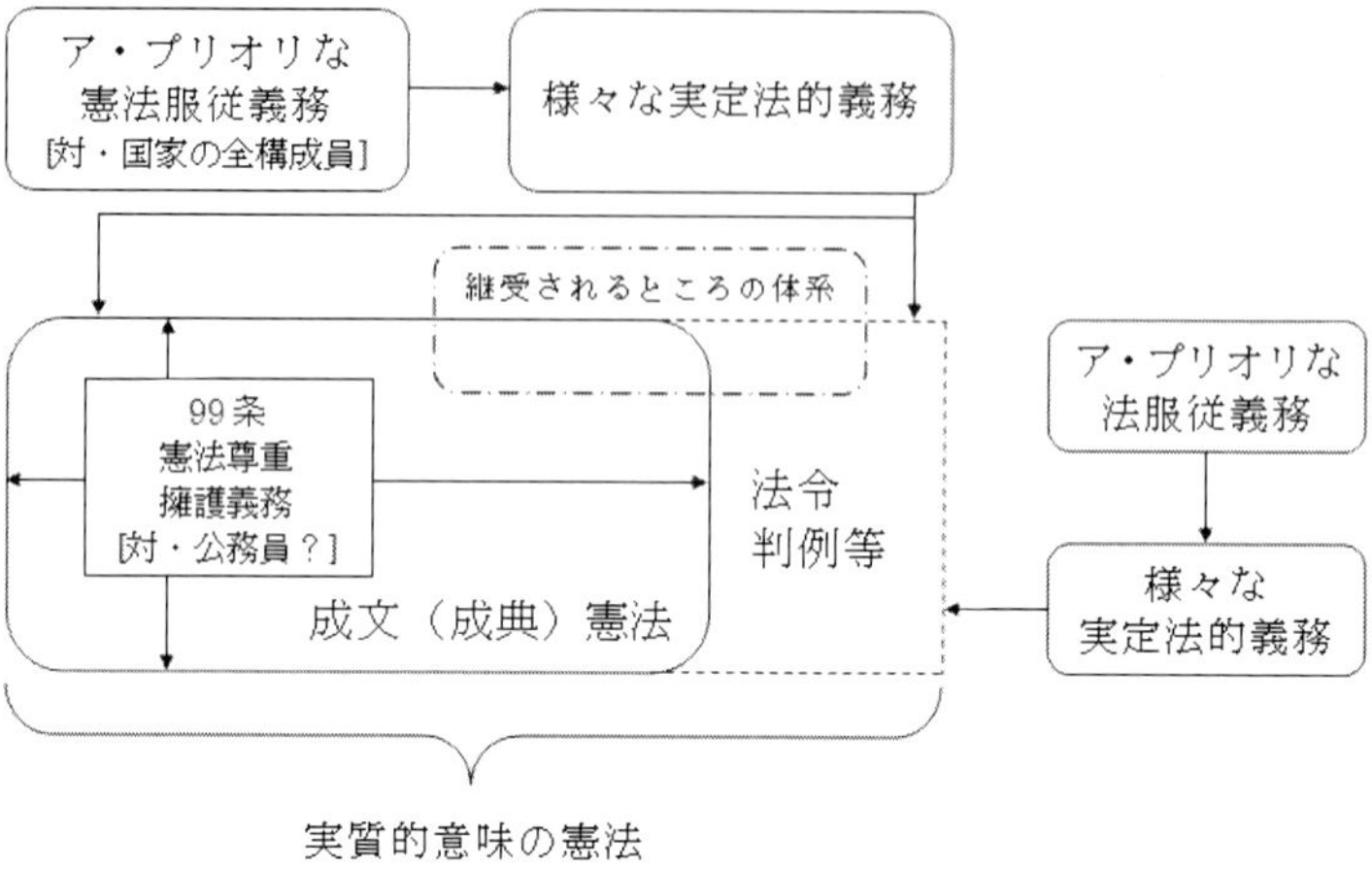

なるから、その部分についての――しかもア・プリオリな形式においての――いわば〝憲法服従義務〟を構成することを可能ならしめるのではないかと思われる。

2　憲法服従義務と憲法尊重擁護義務の連関

日本の現行憲法九九条においては、むろん、実定法（成文法）上の義務として憲法尊重擁護義務が規定されている。本条の解釈論にあっては、義務の性質及び義務の対象について論ぜられるが、このうち義務の性質については、法的義務説及び倫理的・道徳的義務説のいずれにおいても本条から直ちに具体的な法的効果が生ずるものではないとされるがゆえに[462]、両説の実質的差異は、ほとんどないものとみられている。

むしろ、本条について議論の実益のある局面は――本章［本書第6章］の関心もまたそうであるが――、後者の義務の対象――すなわち、国民が義務対象者に包含されるか否か――についてものである。この点について学説は、①制憲者かつ主権者たる国民が憲法尊重擁護義務を負うのは当然であると解する見解(463)、②近代立憲主義の立場から、国民が国家を拘束するという憲法の側面を重視して、国民の憲法尊重擁護義務を否定する見解(464)、③制憲者たる国民が憲法尊重擁護義務を負うのは当然であるにも関わらず、それが規定されていないということに積極的意味を求め、憲法に対する忠誠の下に国民の自由が侵害されることを恐れた結果として徹底した自由主義・相対主義の表明と解する見解（ドイツ流の〝戦う民主主義〟の否定と解する見解）(465)とに大別されている。

これらを踏まえると、九九条の憲法尊重擁護義務とは別に、ことさらにア・プリオリな形式において〝憲法服従義務〟を措定する意義は次の二つにおいて見出されるのではないかと考えられる。すなわち、第一に、憲法尊重擁護義務の名宛人は、条規上、公務員に限定されているが、憲法服従義務は――法服従義務がそうであるのと同様にして――全ての国家構成員に平等に課されるということである。もっとも、九九条の解釈論において、上記①説によれば、次のように論じられるが、憲法服従義務の論理はこれと対峙的解釈――要するに②あるいは③説――の余地をそもそも成立させない点において、国民の憲法に対する尊重擁護あるいは服従の義務を補強あるいは代替し得る。

「……本條が國民をあげていないことは、國民のこの憲法を遵守する義務を否定したのでないことは、言を俟たない。殊更に國民をあげなかつたのは、前述のごとく、公務員が直接に憲法の運用に接觸するため、それらに憲法を尊重し擁護することを求める特別の理由があるのみならず、この憲法自體が、前文で明言するごとく日本國民が確定したものである、従つて、制定者であり、主權者である國民が、國家の根本法たる憲法を尊重し擁護しなければならないことは、理の當然であつて、自ら最高の法規として定立したものを、制定者自身が、破壊することを豫想するのは、自殺的行為といわねばならないであろう」(466)。

憲法服従義務はア・プリオリに措定されたものであるために、継受対象となった体系から成文(成典)憲法へと内面化された限りにおいて実定的義務としての可能性を帯びるに過ぎない。けれども、継受対象となった体系から成文(成典)憲法へと内面化されなかった部分も、補完的に単純法や裁判所判例等において内面化され、かつ、その内面化された形式が一般に法源として認められているならば、それは実質的意味の憲法を構成し、かつ、実定的義務としての憲法服従義務の内容を定める規範となる可能性をもつ。このことから、〃憲法服従義務〃を措定することの第二の意義は、次の点にあるといえる。すなわち、憲法尊重擁護義務が成文（成典）憲法条規のみを対象とするのに対して、憲法服従義務の論理は、一定の条件を満たすことによって、実質的意味の憲法にまでその対象を拡大し得るという点である。このような――形式的意味の憲法である部分を除外したところの――実質的意味の憲法は、もっとも、法服従義務の対象となる規範ではあるが、憲法服従義務によって再び補強されるわけである。そうであれば、憲法尊重擁護義務が公務員にのみ適用されることを想定する条規であったとしても、憲法服従義務はすべての国民に同様に適用されることとなり、義務の平等性条件も、いっそう強固に担保されることになろう。

3　想定され得る批判の事前検討

上記に示した法服従義務あるいは憲法服従義務の理論に対しては、次のような批判が想定され得るので、以下（1）及び（2）において検討しておきたい。

（1）法服従義務論・憲法服従義務論に対して——代表民主制の観点から

まず、日本の現行憲法下においては、議会制民主主義が採用されているがゆえに、法律は国民の選出した代表者によって制定され、憲法についてもまた国民が制憲者となっているのだから、自ら制定した憲法あるいは法律に服従するのは当然という論理を以って足りるのではないかというものである。そこには、——国民の憲法制定権力理論を含む——国民主権あるいは民主主義と無関係に、近代国家性からかかる義務を導出することが、現行憲法の理念を等閑視するのではないかとの発想があるのであろう。

けれども、国民あるいは有権者が選挙を通じて代表者選出過程に参与しているとはいえ、先（本章［第6章］第3節2）にイーゼンゼーの論述を紹介したように、個々の国民は個々の法律に同意を与えているわけではない。これゆえにこそ、個々の法律に対する批評の基本権的自由を有していることを肯定できるわけである。むしろ、民事上の契約のように明確かつ個別的同意がないにも関わらず、国民主権ないし議会制民主主義から国民の法服従義務を導出する場合には、国民が法律に対して、あたかも個別の同意を与えたかのような擬制を定立することになる。かかる擬制は、国民の個々の法律に対する批評の基本権的自由の幅を縮減せしめることに順接し易くなるのではなかろうか。

（2）憲法服従義務論に対して――民定憲法性の観点から

さらに、国民が制憲権者であることを以って、あるいは、国民主権をその局面において理解することを以って、国民の憲法に対する尊重擁護義務や服従義務を導出する論理が考えられる。これは先に九九条解釈論において紹介した①説に符合するものである。けれども、かかる論は、イーゼンゼーが「一つの民主的な神話」という言辞によって、国民の憲法制定権力理論に包含される虚構性を指摘する局面において、すでに妥当性を失っている。

「憲法制定者としての国民の理論は額面通りに受け取ってはならないことは明らかである。この理論は、国民が憲法の内容と妥当性を決定するアクターであることを示唆している。けれども政治の現実においては、国民は、行為主体ではなく、もっぱら準拠主体でしかないことが実証されている」(467)。

「正当化の理論としても憲法制定権力の理論は、有用な認識を何も提供しない。何故なら、憲法の実効性は、その起源に依拠するものではなく、むしろ憲法が今この場で(hier und heute)

その名宛人、つまり国家機関や市民から得ている受諾に依拠しているからである。憲法の妥当性の発生は、今この場で決定されるのである」(468)。

要するに、彼は、制定（行為）主体として語られる国民は、実際に憲法制定をするのではないというわけである。というのも、憲法制定権力が出現するような場面においては、国民は組織化されていないが故に、行為能力を有していないからである。憲法制定過程の多くに観察される現実は、政治的「エリート」が制定（行為）主体となっているものであって、国民は、事後的にこれを受容する準拠主体に過ぎない。

イーゼンゼーの所説においては、憲法の妥当性・実効性——正当性(469)をも——が、詰まるところ、憲法に対する国民の服従——実際に用いられている語は「同意」(470)あるいは「受諾」であるが、置換可能性があるものと思われる——に依拠しているものと理解することができる。著者は前叙［本書第5章第1節4］において、憲法に実効性（Wirksamkeit）を獲得させ易くするために、憲法内容の歴史的ないし現実的条件が必要との論を展開した(471)。これに際して、イーゼンゼーの論を前提とした上で、さらに著者においては、憲法の——解釈を含む——内容形成の局面の基準として、法服従の程度にも基づくところの妥当性（Geltung）及び実効性（Wirksamkeit）を据えたのであった(472)。

イーゼンゼーが述べるように憲法の妥当性・実効性の基準が国民の服従の程度であり、かつ、管見におけるように憲法がその妥当性・実効性を獲得するように解釈されるべきであるとすれば、かかる妥当性・実効性に補完的に奉仕する憲法服従義務の理論は、その意義及び必要性を認められるのではないかと思われる。

第5節　小　括

本章［第6章］では、「市民のア・プリオリな義務」、なかんずく平穏義務及び法服従義務について紹介及び分析を行った。また、法服従義務の理論を応用し、憲法保障の一つとして、〃憲法服従義務〃という独自理論の地平を拓いたつもりである。それは、――義務内容の明確化などの局面において――不完全ながらも、前憲法的諸存在をいかに保護し得るかという問題への一つの回答として提示したものである。そうした本章［第6章］における主要な展開を以下に確認しておきたい。

まず、平穏義務は、近代国家（主権国家）性と不可分の関係にあり、また、現行ドイツ基本法における条文のいくつかからも、平穏義務の導出が可能である旨を指摘した。そして、このような平穏義務は〃国家――市民〃という垂直関係のみならず、〃市民――市民〃の水平関係にも適用されることを確認した（以上、本章［第6章］第2節）。

次いで、法服従義務が要求する義務内容について、それは、個々の法律について個々の国民から同意を得る必要のない、「外面的な」法服従に過ぎない旨を述べた。こうした性質は、――純粋代表的な――代表民主制原理や、基本権的民主主義の政治的自由に根拠を置くものであった。

また、同じく法服従義務を論ずる文脈において、法服従の実現手段としての権力は、それが倫理的に拘束されている限りにおいて、――法不服従の極限形態とも評し得る――抵抗権の発動を招来しないとした。そして、そのような倫理的拘束とは、法内容についての一定の条件付けである。かかる条件付けとは、一定の普遍性が確保されなければならないと同時に、かかる法が妥当するところの国家共同体・国民共同体の特殊性もまた考慮されなければならないという要請であると論じた（以上、本章［第6章］第3節）。

法服従義務は、憲法適合的単純法を通じて、市民に平等に課されるものとして定義される。したがって、日本の現行憲法九九条に規定するような、いわゆる憲法尊重擁護義務とは、元来その射程を異にするものである。しかし、本章［第6章］においては、法服従義務の論理を〝憲法服従義務〟として応用的に再構成した。このことによって、著者は、〝憲法服従義務〟を前憲法的諸存在に対する保護として定立したのである（以上、本章［第6章］第4節）。

註

（390）樋口陽一『憲法』（創文社、一九九二年）二八四頁は、この点、このような近代憲法の性格からして、「……義務条項が数少ないことを、憲法の欠点のひとつとし、社会一般の倫理意識の低下の責任をそこに負わせようとする主張」はあたらないとしている。

（391）成文（成典）憲法中において国民の義務規定が少ないこれら二つの理由は、たとえば佐藤達夫『憲法講話』改訂版（立花書房、一九五九年）六六-六七頁においても指摘されている。

（392）*Isensee*, a. a. O (Anm. 6)., Rdnr. 22.

（393）*Isensee*, a. a. O (Anm. 6)., Rdnr. 22/82 ff.

（394）ここで「市民」と訳出しているところの原語は Bürger であって、この語は非常に多義的ではあるが、本書では、――ルソー流というべきか――「みずからの意志で政治に参加する能動的性質」（伊手健一ほか編『現代政治学事典』（ブレーン出版、一九九一年）四一四頁〔佐竹寛執筆〕）を有する個人というような意味合いに、特に力点を置くこと、あるいは、そこに局限することを意図するものではなくて、権利能力主体性を有する者一般を指すものとして用いることを意識している。

（395）*Josef Isensee*, Die verdrängten Grundpflichten des Bürgers: Ein grundgesetzliches Interpretationsvakuum, in: DÖV Heft 15 (Aug 1982), S. 612.

（396）この法服従義務については、「義務を履行するための義務という観念は、権利を行使するための権利、意欲のための決心、できるための能力という観念と同じく奇妙である。基本義務によって義務の二重化を行うことも、新しい法認識をもたらすものではない」との批判を受けている。*Bodo Pieroth / Bernhard Schlink*, Grundrechte Staatsrecht II, 15. Aufl, Heidelberg, C. F. Müller Verlag, 1999, Rdnr. 194. B・ピエロート＝B・シュリンク（永田秀樹ほか訳）『現代ドイツ基本権』（法律文化社、二〇〇一年）七〇頁）。

（397）*Isensee*, a. a. O (Anm. 6)., Rdnr. 22.

（398）*Isensee*, a. a. O (Anm. 6)., Rdnr. 93.

(399) *Isensee*, a. a. O (Anm. 6)., Rdnr. 82.
(400) *Isensee*, a. a. O (Anm. 6)., Rdnr. 82.
(401) *Isensee*, a. a. O (Anm. 6)., Rdnr. 65.
(402) *Isensee*, a. a. O (Anm. 6)., Rdnr. 85.
(403) *Isensee*, a. a. O (Anm. 6)., Rdnr. 85/91.
(404) *Isensee*, a. a. O (Anm. 6)., Rdnr. 115.
(405) 小山剛『基本権の内容形成――立法による憲法価値の実現』(尚学社、二〇〇四年) 二六四頁。
(406) *Isensee*, a. a. O (Anm. 6)., Rdnr. 195.
(407) *Isensee*, a. a. O (Anm. 6)., Rdnr. 195.
(408) 法律上の規定における最も端的な例は、正当防衛 (刑法三六条・民法七二〇条一項) 及び緊急避難 (刑法三七条・民法七二〇条二項) がこれに当たる。
(409) *Isensee*, a. a. O (Anm. 6)., Rdnr. 95.
(410) *Isensee*, a. a. O (Anm. 6)., Rdnr. 95. なお、フェーデについて関連する歴史的事象を確認しておく。イーゼンゼーにおいては、近代国家の主権的組織として平和秩序をもたらすという画期的機能は、フランスの主権的君主によって成功を収めたが、神聖ローマ帝国における永久ラントフリーデ令(永久ラント平和令)はその意味では不成功に終わったといわれる (*Isensee*, a. a. O (Anm. 6)., Rdnr. 98.)。
　これは、一四九五年にヴォムスで開催された神聖ローマ帝国議会において決定され、皇帝マクシミリアン一世によって発布されたものである。また、同時に帝国最高法院 (帝室裁判所) Reichskammergericht も設置されている (帝室裁判所については、さしあたり勝田ほか編・後掲書一七一頁以下 (一三章) [村上裕執筆] 参照。ちなみに、この「フランクフルトの帝室裁判所 (Reichskammergericht) の設置 (1495)、ウィーンの帝国宮廷顧問会議 (Reichshofrat) の設置 (1497) は、ドイツの国家統一 (Reichseinigung) の道の第1歩であり、その土台を共通のドイツ法がつくるものとされた」(小出達夫「歴史の基礎概念・公共性について [翻訳と解題・その1]――Geschichtlicher Grundbegriff: Öffentlichkeit, Bd. 1」北海道大学教育学部紀要六六号（一九九五年二月）八五頁）と評されている。）。

ラントフリーデ令ないし平和令とは、そもそも、中世においてはフェーデ（私闘）が紛争解決法として用いられることがしばしばであったのに対して、これを制限ないし禁止することを目的としたものである（もっとも、私闘といっても、「紛争解決の立派な公的処理＝正義の実現の一つであった」との位置付けがなされ、「私闘が常態だったといっても、報復がくりかえされ無秩序化したものではない」との評価もされている（笹倉・後掲書一一八頁）（このほか、フェーデの評価については、J・ホイジンガ（堀越孝一訳）『中世の秋』（中央公論新社、一九七六年）参照）。

フェーデに対する制限は、「シャルルー司教区会議の決議」（九八九年）を契機とした様々な決議による、いわゆる〝神の平和〟（特別平和）という、ローマ教皇のキリスト教権威による安全保障方式も存在したが、これに対して、この世俗版としてのフェーデに対するドイツ皇帝による制限がフリーデ令であるとされる（勝田ほか編・後掲書一〇九-一一一頁〔山内進執筆〕）。だが、当初のフリーデ令は、「エーベルレが指摘しているように、あくまで誓約であり、帝国や各領邦の有力者たちの協力と合意のうえに成立している。期間も限定されている」ものであって、――「帝国大ラントフリーデ令」（フリードリヒ一世）を除き――このマクシミリアン一世による「永久ラントフリーデ令」に至るまで全面的に禁止されるものではなく、「むしろ、平和令は、通告の必要や起源などを示して、ルールに則った戦い方を求めたに過ぎない」と評価されている（勝田ほか編・後掲書一一一頁〔山内進執筆〕。同旨として『世界史小事典』改訂新版（山川出版社、二〇〇四年）七四〇頁。）。

確かにラントフリーデ令は、不十分かつ革命的でもあったが（勝田ほか編・後掲書一一三頁〔山内進執筆〕）、しかしなお、イーゼンゼーも示唆しているが、永久ラントフリーデ令によっても私闘はなくならなかったという（笹倉・後掲書一四二頁）。とはいえ、「ラント平和令の意義は、フェーデ以上に、公権的な刑罰観を生み出したことにあ〔り〕」「平和令に違反する流血や掠奪はもはや紛争ではなく、犯罪だった」とされ、こうして、「公」の認識が発達したことにあると評価されている（勝田ほか編・後掲書一一二-一一三頁〔山内進執筆〕）。ところで、この頃の刑罰は、自由刑ではなく身体刑を中心とするものであった。

尚、この点については、藤本幸二「「公的刑法の誕生」と刑事法に於ける和解――近年のヨーロッパ中世刑事法史研究動向を手がかりとして」CNERディスカッション・ペーパー（一橋大学COEプログラム・ヨーロッパの革新的研究拠点）一九号二-四頁（二〇〇五年一〇月）参照。

笹倉秀夫『法思想史講義 上――古典古代から宗教改革期まで』（東京大学出版会、二〇〇七年）、勝田有恒・森征一・山内進編著『概説西洋法制史』（ミネルヴァ書房、二〇〇四年）。

（411） *Isensee*, a. a. O (Anm. 6)., Rdnr. 95.

（412） 日本における公務員の労働基本権をめぐる最高裁判例の潮流は、一般に三期に区分される。第一期が最大判昭和二八年四月八日刑集七巻四号七七五頁〔政令二〇一号事件・弘前機関区事件〕に代表されるもの、第二期が最大判昭和四四年四月二日刑集二三巻五号三〇五頁〔東京都教祖事件〕に代表されるもの、第三期が最大判昭和四八年四月二五日刑集二七巻四号五四七頁〔全農林警職法事件〕に代表されるものである。第一期及び第三期が公務員の労働基本権の制限を広く認めようとするものであるのに対し、第二期は公務員の労働基本権の制限を限定的に解釈しようとするものとして説明される。それは、ともかくとして、各期における公務員の労働基本権の制限の根拠として指摘されるのは、第一期においては「公共の福祉」・「全体の奉仕者」論、第二期においては「国民生活全体の利益」とりわけ〝国民生活にもたらされる重大な支障〟あるいは「公務員の職務の公共性」のうち「公共性の強い公務」（圏点――著者）、第三期においては「勤労者を含めた国民全体の共同利益」である。

（413） *Isensee*, a. a. O (Anm. 6)., Rdnr. 94.

（414） これは、一七九一年フランス憲法（一七九一年九月三日）第一編三の条文中における表現である。一七九一年フランス憲法条文の翻訳については、中村義孝編訳『フランス憲法史集成』（法律文化社、二〇〇三年）一四頁以下参照。同第一編三については、同書一八頁参照。

（415） **BVerfGE 69, 315 (360)**〔一九八五年ブロックドルフ決定〕. 邦訳による紹介として、「基本法8条の集会の自由と集会法による集会の規制」ドイツ憲法判例研究会編『ドイツの憲法判例』第二版（信山社）二

(416) 四八頁以下参照。*Isensee*, a. a. O (Anm. 6)., Rdnr. 94.

(417) *Isensee*, a. a. O (Anm. 6)., Rdnr. 93.
「近代」(modern, Neuzeit) 性についての捉え方は、様々に存在する。ここでいう「近代国家」とは、格別の価値判断を包含させるわけではないが、一六世紀後半以降の仏ブルボン王朝に代表されるような絶対主義国家、あるいは、一六四八年ヴェストファーレン条約に端的に表れる主権国家の意において用いている。これに対して、「近代国家」の語は、憲法学においては、その後に成立を見ることになる近代立憲主義国家の意において、とりわけ社会国家・行政国家化がみられる現代国家との対比を意識して、用いられることもある。したがって、これらの混同を回避すべく単なる主権国家は、「近世国家」と称すべきようにも思われるが、馴染みのある語法ではないので近代国家と表記しておいた。

(418) *Isensee*, a. a. O (Anm. 6)., Rdnr. 118.

(419) *Isensee*, a. a. O (Anm. 6)., Rdnr. 176. ここにおいて、イーゼンゼーは、「社会的結合の目標は、一つないしいくつかの個人の自由に過ぎないのではなくて、すべての者の自由である」とするE・シェイエスの言辞を引用している。

(420) *Isensee*, a. a. O (Anm. 6)., Rdnr. 93.

(421) *Isensee*, a. a. O (Anm. 6)., Rdnr. 93.
裁判官による確定判決によって規範が強制されるということは、〃国家——市民〃の垂直関係を表したもののようにも思われる。けれども、この点、一応付言するに、義務を課する主体は常に国家でしかあり得ないので、ここで垂直・水平と整理しているのは、義務が課される対象、あるいは法適用される対象の問題である。

(422) Gewalt 概念はラテン語の vis 及び potestas に分けて整理される。この点に関する *Isensee*, a. a. O (Anm. 6)., Rdnr. 87-88. の叙述を整理すれば、vis は、正統ではない「有形力による強制（＝körperlicher Zwang）」であり、それは、「権力独占」段階における Gewalt であって、正統ではないものを意味する。他方、potestas は、「支配（＝Herrschaft）」であり、それは、「権力分立」段階における Gewalt であって、正統なものを意味する。基本法の条文でいえば、visは、七三条一〇号（c）や七四条一〇号（a）におけるGewalt概念がこれに相当し、potestasは、一九条四項や二〇条二項一文におけるGewalt概念がこれに相当する。

また、国家権力のうち、visはpotestasのわずかな断面を形成するに過ぎず、財政、学校、生活扶助などの国家権力の主要現象は、本質的にはvisではなくてpotestasに結び付けられている。そして、visの例として挙げられているのが、「軍隊及び警察、行政執行（＝Verwaltungsvollstreckung）、裁判所の強制執行（＝Zwangsvollstreckung）」である。他方、「立法権」や「議会及び政府による政治的指導」は、potestasの例として数えられている。さらに、potestasは、国家的なものとしてだけではなくて、社会的・私的なものとしても生ずる。たとえば、「親権者の親としての『権力』、メディアの情報の影響力、企業の経済的効果、労働組合の社会的強大性、教会の『potestas indirecta』」などがそうである。他方で、近代以降において、visは、原則として私的・社会的なるものからは排除されている。

(423) *Isensee*, a. a. O (Anm. 6), Rdnr. 89. ここでは、effective Geltungという語に対して、「効果的妥当性」という訳を当てているが、effektivという形容詞が冠せられていることからも、あるいは、文脈の上からも、この語は、ほとんど「実効性」に近い意味のように思われる。ただ、実効性という邦語は、Geltung=妥当性との対比においてWirksamkeitの訳として用いられるのがよくみられる例であるから、ここでもそれに倣って原語に忠実に「効果的妥当性」としておいた。

(424) *Isensee*, a. a. O (Anm. 6), Rdnr. 89.

(425) *Isensee*, a. a. O (Anm. 6), Rdnr. 28.

(426) *Isensee*, a. a. O (Anm. 6), Rdnr. 89.

(427) 拙稿・第五論文四〇頁以下［本書第5章第1節4］。

この点につき補筆するに、たとえば刑法一九九条は、その趣旨が殺人行為の禁止ないし抑止に端を発するものであるとしても、少なくとも文理上は殺人行為を行った者に対して一定の刑罰を科する旨を定めるに過ぎないものである。このような刑事法規の規定の仕方は、殺人行為をすべきでないという世界観をもつ規範と、殺人行為が現に存在しないという事実とが一致する保障が、その規範の中に存在し得ないことを示す端的な例であると思われる。

他方、民事法領域においては、たとえば履行時期の到来した債務を弁済せしめるために、確定判決等の債務名義となる文書を得た上で、強制執行手続（民事執行法二二-一七三条）が行われることがある。これは、現実が規範の世界観を回復するということがあり得ることを示しているようにもみえるが、それもまた完全なものではない。というのも、強制執行手続は、金銭執行でさえ執行不能に陥ることがあり得ることを法令自体が想定しているからである（民事執行規則（昭和五四年一一月八日最高裁判所規則第五号）一三条一項七号）（なお、民事執行制度の概要については、佐藤鉄男ほか『民事手続法入門』（有斐閣、二〇〇二年）一七六頁以下〔松村和徳執筆〕を確認・参照している。）。

これらのゆえにも、強制は服従そのものではないのである。

(428) 田中成明『法学入門』（有斐閣、二〇〇五年）六三-六四頁。
(429) 田中・前掲書（註428）六四-六五頁。
(430) *Jellinek*, a. a. O (Anm. 158)., S. 426. 芦部ほか訳・前掲書（註一五八）三三九頁。
(431) *Isensee*, a. a. O (Anm. 6)., Rdnr. 105.
(432) *Isensee*, a. a. O (Anm. 6)., Rdnr. 105.
(433) *Isensee*, a. a. O (Anm. 6)., Rdnr. 113.
(434) *Isensee*, a. a. O (Anm. 6)., Rdnr. 157.
(435) *Isensee*, a. a. O (Anm. 6)., Rdnr. 195.
(436) *Isensee*, a. a. O (Anm. 6)., Rdnr. 113.
(437) *Isensee*, a. a. O (Anm. 6)., Rdnr. 195.
(438) *Isensee*, a. a. O (Anm. 6)., Rdnr. 107.
(439) *Tomas Hobbes*, Leviathan, 1651, II/26. T・ホッブズ（水田洋訳）『リヴァイアサン（二）』（岩波書店、一九六四年）一六三頁以下〔第二部第二六章〕。
(440) *Isensee*, a. a. O (Anm. 6)., Rdnr. 107.

(441) *Isensee*, a. a. O (Anm. 6)., Rdnr. 111.

(442) *Isensee*, a. a. O (Anm. 6)., Rdnr. 111.

(443) *Isensee*, a. a. O (Anm. 6)., Rdnr. 129.

(444) *Isensee*, a. a. O (Anm. 6)., Rdnr. 129. イーゼンゼーは服従義務の倫理的基礎付けをプラトン著『クリトン』及びパウロ執筆「ローマ人への手紙」に言及しつつ、〝キリスト教的本質〟に求めている。邦訳のものとして、プラトン（久保勉訳）『ソクラテスの弁明・クリトン』（岩波書店、一九六四年）、田川建三編著『新約聖書 訳と註3 パウロ書簡 その一』（作品社、二〇〇七年）、あるいは、新訳聖書翻訳委員会・保坂高殿・小林稔・小河陽訳『新約聖書Ⅴ パウロの名による書簡・公同書簡・ヨハネの黙示録』（岩波書店、一九九六年）参照。

(445) *Isensee*, a. a. O (Anm. 6)., Rdnr. 129.

(446) 拙稿・第五論文四一頁［本書第5章第1節4］、拙稿・第三論文一〇三頁［本書第3章第3節2］。

(447) 拙稿・第一論文五九頁以下［本書第2章第2節］。

(448) 拙稿・第五論文六二頁中註（42）において、「少なくとも『男系』による皇位継承は、憲法の前提条件と言える」とした［本書第5章第1節3］。

(449) なお、基本権論の文脈においては拙稿・第五論文五二-五六頁〔五六頁〕［本書第5章第3節2］参照。

(450) *Isensee*, a. a. O (Anm. 6)., Rdnr. 111.

(451) *Isensee*, a. a. O (Anm. 6)., Rdnr. 111.

(452) *Isensee*, a. a. O (Anm. 395)., S. 612.

(453) 中村義孝編訳『フランス憲法史集成』（法律文化社、二〇〇三年）五八頁。

(454) ラインラントプファルツ州司法・消費者保護省ウェブサイト・検索システム「州法オンライン」（"Landesrecht Online"）検索結果：
http://landesrecht.rlp.de/jportal/portal/t/4ig/page/bsrlpprod.psml/action/portlets.jw.MainAction?p1=t&eventSubmit_doNavigate=searchInSubtreeTOC&showdoccase=1&doc.hl=0&doc.id=jlr-VerfRPpArt2

0&doc.part=S&toc.poskey=#focuspoint（最終アクセス：20151031）

(455) バイエルン州政府ウェブサイト・検索システム「データバンク・バイエルン法」（"Datenbank BAYERN-RECHT"）検索結果：http://www.gesetze-bayern.de/jportal/portal/page/bsbayprod.psml?showdoccase=1&doc.id=jlr-VerfBY1998rahmen&doc.part=X（最終アクセス：20151031）

(456) http://www.documentarchiv.de/nzjh/verfwberg.html（最終アクセス：20151031）

(457) *Isensee*, a. a. O (Anm. 6)., Rdnr. 111.

(458) *Isensee*, a. a. O (Anm. 395)., S. 612.

(459) 樋口陽一・吉田善明編『解説世界憲法集』第四版（三省堂、二〇〇一年）一六五頁〔井口文男訳〕。

(460) 木下太郎『世界諸国の憲法集』再版（暁印書館、一九八四年）三五頁。

(461) 拙稿・第一論文五七頁以下〔本書第2章第1節〕。

(462) 阪口正二郎「憲法尊重擁護の義務」大石眞・石川健治編『新・法律学の争点シリーズ3　憲法の争点』（有斐閣、二〇〇八年）三二頁。

(463) 法学協会編『註解日本国憲法（下）』（有斐閣、一九五四年）一四九六頁、宮沢俊義〔芦部信喜補訂〕『全訂日本国憲法』（日本評論社、一九七八年）八二〇頁、伊藤正己『憲法』第三版（弘文堂、一九九五年）六一五頁。

(464) 高橋和之『立憲主義と日本国憲法』（有斐閣、二〇〇五年）一〇九頁、有倉遼吉・小林孝輔『基本法コンメンタール　憲法』（日本評論社、一九八六年）三三四頁〔有倉遼吉執筆〕。

(465) 樋口陽一『憲法Ⅰ』（青林書院、一九九八年）三九九-四〇一頁、佐藤幸治『憲法』新版（青林書院、一九九〇年）四五頁以下。

(466) 法学協会編・前掲書（註463）一四九五-一四九六頁。

(467) イーゼンゼー・前掲書（註15）「国民の制憲権」四四八-四四九頁。

(468) イーゼンゼー・前掲書（註15）「国民の制憲権」四六二頁。

(469) 憲法の正当性について、彼は、国民の憲法制定権力理論によることなく、「憲法の実効性および――事実の規範力を経由して――法的妥当性が実際の同意に基づくとすれば、決定的なモチーフは、淵源や成立の仕方に存することはあり得ない。むしろ決定的なモチーフは、憲法の内容から生じるのである。……憲法の内容が、憲法が同意するに値することを正当化するのであり、憲法の内容が、憲法が実際に同意を獲得するように宣伝を行っているわけである」と論じている。イーゼンゼー・前掲書（註15）「国民の制憲権」四六一頁。

(470) イーゼンゼー・前掲書（註15）「国民の制憲権」四六一頁。

(471) 拙稿・第五論文四一頁以下［本書第5章第1節4］。

(472) 拙稿・第五論文四三頁［本書第5章第1節4］。

終　章　総括と今後の課題

1　総　括

（1）各章における設定課題とその回答要約

各章の要約は、各章末における小括においてすでに示されているが、本書をしめくくるに際して、ここに改めて、序章において示した本書の課題（序章3（1）及び（2）参照）とともに、第1章から第6章までの論述をより簡潔に以下に振り返っておきたい。

第1章では、憲法に対する国家の後置性という観念の（部分的）克服を目指して、国家の前憲法性を論証することを課題としていた。この点、国家の前憲法性は、①Verfassung/Constitution の言語概念的検証、②国家の法人性検証、③憲法の主題検証の三局面から論証を行うことができた。

第2章では、国家を憲法の規律対象としてのみ捉える憲法観に代わる新たな憲法観を提示するとともに、これに関連して、国家（組織体）が目下の成文（成典）憲法を超えて存続していることのメルクマールを、かかる国家の特殊性が継受されていることに求め、その例証をみることを課題としていた。第一点目については、イーゼンゼーの唱える〝継受の憲法理論〟を提示することによって、その回答とした。第二点目については、いくつかの諸憲法の条文を参照しながら、ドイツの（連邦）参議院制度を概観することによって、そして、——補論的に——スペインの国王及び国会の関係を概観することによって、その例証とした。

第3章では、国家（組織体）の特殊性——すなわち国家像——が、どのようにして見出されるべきかなどについて、国家の法人性に着眼して、検討を行うことを課題としていた。その結果、法人実在説の妥当性を示すことによって、第1章においてみた国家の法人性検証による国家の前憲法性の論証を補強した。また、国家法人それ自体と国家機関との関係をめぐって、それらの意思は同一のものではないことを示すとともに、国家法人意思は、前憲法的なるものとしての国家と規範的なるものとしての憲法との相互補完的な営みにおいて見出されるべきだとした。要するに、国家（組織体）の特殊性は、国家法人意思として表出し、かかる意思の導出過程には、前憲法的国家像と憲法的国家像の双方が欠かせないということであった。

第4章では、第1～3章までにおいて議論の対象としてきた個別・具体的な国家の像を把握するには、国家本質論上の諸理論のうち、国家有機体説が最適性を備えるものであることを、ごく簡潔に確認することを課題としていた。検討の結果、国家法人説における人格の理解について、本書の立場に適合的な方向に、一定の修正を加えた。それとともに、国家有機体説の特徴の一つである、構成員から独立した国家意思を認めるという立場は、本書が第3章において措定した〝国家法人意思〟におおむね符合するということができる旨を示すことができた。

第5章では、〝憲法の前提条件〟という観念あるいは理論枠組みについて、紹介と分析を行い、併せて関連問題について論述することを課題としていた。その結果、法が妥当性（Geltung）・実効性（Wirksamkeit）のある実定法（positives Recht）として現実化されるには、権力性という形式的側面のみならず、法内容に対する当該国家の歴史的・現実的条件づけが必要になる旨の評価を導いた。また、そのような歴史的・現実的条件づけの要素となる個別・具体的国家像あるいは国民像は、個々の国家・国民共同体によって異なり、そのことは個々の国家の成文（成典）が前提とする諸存在もまた異なることを意味するとの結論を得た。

第6章では、前章までに論述の対象とした前憲法的諸存在、あるいは、それを解釈指針に据えたときに生じる成文（成典）憲法の解釈帰結を、いかに保護すべきかについて、一定の回答を提供することを課題としていた。これについて、第6章では、法服従義務の論理を素材として、新たに〝憲法服従義務〟の論理を再構成し、これは日本の現行憲法九九条における憲法尊重擁護義務及び同条についての解釈帰結の欠陥を補完し得るものとして機能する可能性を示すものであるとした。

(2) 結　論

各章に据えられた課題のほか、本書全体の目的・射程は、すでに序章において予告したように、「〝規律主体としての憲法と規律客体としての国家〟観の部分的克服に始まり、成文（成典）憲法の条規の解釈指針の一つに据えられるべき特定の個別・具体的な国家像の探求あるいは形成を行う手前までの、そこに向けられる基礎理論的枠組みの構築」にあった。この点に関連させたとき、以上においてみた各章の論述を踏まえ、本書全体としては次のことを論結することができるかと考えている。

i　憲法領域における不文法源

成文法体制においても、不文法秩序が存在することはいうまでもない。成文法の効力秩序の階梯において下位の法形式になればなるほどに技術的事項を定めることが多く、したがって、そのような場合には、――法における技術的事項は成文化されるのが通常であろうから――成文法源の役割は拡大し、他方で、不文法源の役割は縮小する。だとすれば反対に、成文法の効力秩序の階梯において上位になればなるほどに成文法源においては概括的規律が主となることで、不文法源の役割は増幅し、その増幅値は成文（成典）憲法において最大値を示すことになるはずである。なるほど確かに、たとえば判例は、大陸法系諸国においては伝統的に法源性を承認されてはこなかったが、一般に優れて概括的規律を主とする憲法領域において、判例や慣習などの不文法秩序を全面否定することはできないであろう(473)。したがって、不文法秩序の存在肯定は、成文（成典）憲法体制においても、憲法領域において最もよく妥当し得るものとなるし(474)、不文法は、成文（成典）憲法の解釈指針として機能し得るのである。成文（成典）憲法の解釈として個別具体的国家の国家像を描く際に、このような成文（成典）憲法の解釈指針となりうるような不文法秩序の一部を、本書全体にわたって、〝前憲法的国家（・諸存在）〟あるいは、〝前憲法的なるものとしての国家〟などと称してきた。これは、一定程度同一の地理的領域において、事実上存在してきた国家（及びその構造）、あるいは、歴史上存在する複数の成文（成典）憲法によって規律されてきた国家（及びその構造）を意味している。それらには、最大公約数的な一定の共通性を見出しうる。そうした共通性に、本書では、当該国家（における国家構造）の特殊性を認め、かつ、国家としての連続性・同一性の指標を求めてきた。また、成文（成典）憲法には、かような特殊性を継受する機能がある旨も指摘し、いくつかの例証も試みた。

さらに、かかる特殊性は、目下の国家機関の意思あるいは国家機関に就任する自然人の意思とは別個に成立しうる、——国家の法人的局面に照準を据えたときには——いわば〝国家法人意思〟とでも称することができるとも論じた。加えて、このような発想は、国家有機体説において、構成員からは独立した国家意思の存在を認める論理に、親和性を有することも確認された。

ii　法の生成と服従の調達

成文法であれ不文法であれ、国法が一般に、その妥当性（Geltung）と実効性（Wirksamkeit）を獲得するには、ただそこに存在しているだけではなく、現実化されることを要する。この現実化されている法が、本来的に実定法（positives Recht）と称されるべきものである(475)。

法——特に成文法——は、国家機関（通常は執行機関。以下同じ。）によって解釈され適用されることを要するが、この際にかかる国家機関をして当該法解釈・適用の任務の認識を生ぜしめるのは、何らかの授権によってかかる国家機関にそうした有権解釈権が付与されているがゆえのみならず、国家機関が当該法に服従しているからである。そうすると、国家機関による法の解釈には、かかる国家機関のかかる法に対する服従が前置しなければならない。したがって、法の現実化の段階は、〝国家機関の服従→国家機関による解釈・適用→被治者の服従〟という図式として描くことができる。

このとき、国法の現実化の手段となる最も端的な形式は、物理的強制――かかる手段を有し得ることが近代国家においては国法の特徴としても位置付けられるところの――である。しかし、すでにみたように（本書第5章）、国法に付与された権力性が服従を目指しているのであれば、法内容を服従者において受容し易いものとして生成する必要がある。

しかも、前記においてみたように、法規律が抽象的であるほどに不文法の領域は拡大し、憲法領域において最大値を示すことになる。してみると、憲法学においては不文法源の役割は小さくない。もっとも、そのことのみをたよりにして、法内容を服従者において受容しやすいものとして際限なく再生成することが許容されるものではない。法内容を服従者において受容しやすいものとして再生成する要請があるといっても、制定法を中心的な法源とする法治国家においては、制定法の条規を度外視して、かかる要請を果たすわけにはいかないからである。しかし、条文の抽象性は、不文法源の広範囲性を基礎づけると同時に、条文解釈の多様性をも意味している[476]。したがって、そのような憲法の不文法源は、成文（成典）憲法の解釈を通じて示されるべきことになる。ちなみに、こうした論理構成の形式は――誤解を恐れずに明快な理解のために付言すれば――、成文（成典）

憲法の条規が憲法領域の不文法源の表出のいわば受け皿として機能するという意味においては、基本権の私人間適用にかかる間接適用説における憲法価値と民法の一般条項との関係に類似したところがあるかもしれない。

だが、国家機関は、多様な条文解釈の幅の中で適用すべき解釈帰結を随意に選択すべきではなかろう。そもそも国家機関は、法内容を服従者において受容しやすいものとして再生成するという要請を果たすべきなのであるから、当該法の適用され得る国家ないし国民共同体における特殊性を考慮した解釈帰結を選択すべきことになる。したがって、当該法の適用される国家・国民共同体における歴史的・現実的な条件を考慮した法解釈によって法を運用・適用することが、法の服従をより獲得しやすい土壌を形成することになる。結果として、そうした法内容に実定法（positives Recht）としての妥当性（Geltung）と実効性（Wirksamkeit）が与えられるのである。

そのようにして与えられる法解釈の帰結、あるいは、その根拠となる前憲法的諸存在を保護するために、本書では、すべての国家構成員をその対象とし得る〃憲法服従義務〃の理論構築を企てたのであった。

＊＊＊＊＊

さて、「〃規律主体としての憲法と規律客体としての国家〃観の部分的克服」は、すでに第1章・第2章において行われたとおりである。そして、それらを前提としつつ、「特定の個別・具体的な国家像の探求あるいは形成を行う手前までの、そこに向けられる基礎理論的枠組みの構築」については、第3章以下、第6章に至るまでの展開において述べたとおりである。そうした「基礎理論的枠組みの構築」においては、前憲法的諸存在と成文（成典）憲法との関係性、前憲法的諸存在を憲法解釈において援用することの正当性や必要性、そして、前憲法的諸存在とそれを根拠とした解釈帰結に対する保護理論に関する論述を含むものとなった。

2　今後の課題

本章［終章］1にみたように、序章で本書全体及び各章に設定された諸課題について、本書は一定の回答を提示することができ、ひとまず、その目的も果たすことができたものと思われる。とはいうものの、本書全体及びその各章が与えてきた回答には、あまりに粗雑で簡潔なものに留まってしまった部分、あるいは、関連する重要問題を看過してしまった部分が含まれている可能性も否めない。そのように必ずしも十分な検討が本書において行われたとはいえない部分のうち、その主要なものについて「今後の課題」として整理して、本書を閉じることとしたい。

たとえば、第2章の一部において、国家構造の連続性をみるためにいくつかの例証を示したが、今後より多くのそれを示すことが必要となろう。次に、第3章の一部においては、サヴィニー及びギールケの所説を素材としたが、これら自体の検討のさらなる精緻化が必要であったのみならず、他の理論家の所説にも検討が及ぶことが望ましかった。

また、第4章の一部においては、国家法人説の代表的論者として引き合いに出したイェリネクの所説に対する理解も一面的であるおそれをなしとせず、また、最新のシステム論とされるオートポイエーシス論については触れず終いとなってしまった。さらに、第5章の一部においては、〝憲法の前提条件〟理論についての紹介を行ったが、類似理論――憲法の期待、憲法における借用概念論など――の紹介やそれとの比較などを行う場を設けることも今後求められるであろう。加えて、第6章の一部においては、〝憲法服従義務〟という新たな地平を開拓する作業を含むものであったが、その内容の具体化などついての検討にまで及ぶことはできなかった。

＊＊＊＊＊

ところで、著者は、元々、――ある種の、少なからず特異な形態における――違憲審査制度の研究(477)に関心があった。その後、そうした関心を背後に据えつつも、そこからは一定の距離を置いて、著者の研究は、憲法基礎理論的世界を逍遥することになった。しかし、――本書の第6章のテーマとして――結局行き着いた先が、図らずも憲法保障という本来の関心の大枠に収まるものとなったことについては、不思議な私的感慨を憶えずにはいられなかった。

そうしたことは別として、本書は、少なくとも以上のような諸課題について十分な検討の場を設けることができなかった。しかもまた、本書に残された諸課題は、以上に列挙し尽されているものでは決してなかろう。このような重要問題について論じ得ず終いとなったことは、ひとえに著者の非才のゆえである。それにもかかわらず、本書をまとめ上げようとしたのは、戦後日本憲法学の主流派の基本哲学のありさまに疑問を感じ、日本国の特殊性に考慮を払う憲法学の土壌形成に資する理論枠組みの構築を目指したためであった。もし仮に、そうした役割の一端でも担うことができているとするならば、本書における試みも意義のないことではなかったことになるのかもしれない。とはいえ、本書に残された課題は、すでにみたように少なくない。これらの諸課題については、他日に期することとして、ひとまず、ここに擱筆する。

註

(473)　もっとも憲法領域において不文法源が無視されているとはいえないが、判例についてはその法源性を否定しないまでも、たとえば手許にある『岩波判例基本六法』における「憲法の判例について」と題する案内文のなかでは、次のような評価を受けることがある。以下は、すでに本書中の前出の脚注において示してあるが、重ねて引用しておく。すなわち、「憲法判例の研究は、……次の点に留意することが必要だと思う。……憲法を最高法規とする硬性憲法の下では、『生ける法』としての判例も、他の法の分野で説かれるほど強い意味の法形成作用は認められないと解されることである」と。

(474) たとえば、小嶋和司『憲法学講話』(有斐閣、一九八二年)九-一〇頁においても、「……『憲法』と聞いて憲法典しか考えないようでは、学問は始から駄目である」とか、あるいは、成文憲法が成文法源のみで形成されることはないなどと指摘されている。

(475) この点、実定法(**positives Recht**)という語に対する一般的な理解が、不正確であるといえることは、樋口陽一の所説などを示しつつ、すでに本書中の前出の脚注において指摘した。

(476) 解釈学説の多様性については、末弘厳太郎が次のような苦言を呈している。すなわち、「学者は僅かな小智恵をもとにしてひたすら異説をたてることのみを志し、これでけつこうオリジナリチーを出したような顔をしている。……学者の役目は、……現在の法律はかくかくのものであるということを一般国民に示して、そのよるところを知らしめるにある。であるからできるならば、いわゆる学説の数を減らすことをひたすら心がけてこそ立派な学者である。そうしてまた他方においては、大きな眼からみて将来法律の進みゆくべき道を示すことに努力してこそ、真に学者の本分が発揮されるわけである。いたずらに小智恵にとらわれて末節のみに走〔るが〕……ごときにいたつては、まつたく法律家のまさにとるべき態度を踏みちがえたものといわなければなりません」と。末弘厳太郎『嘘の効用』(日本評論社、一九五四年)一五六-一五七頁。

(477) 著者は、O・バフォッフらの研究において知られている〝違憲の憲法規範〟という概念を出発点として、憲法改正の実体的違憲審査が可能か否かという、どちらかといえば、制度的あるいは実定法的世界のテーマに元来の関心を有していた。それらについては、平成二三年三月に慶應義塾大学に提出した修士論文の序章において、比較的詳細な註を付しつつ、説明しておいた。

初出一覧

本書は、以下の既刊論稿を基にして執筆されたものであるが、初出のものに対しては、とりわけ次の観点からの修正を施している。なお、［　］内の表記は、本書の章末註において用いた略称を示している。また、以下の各論稿を本書の章末註に示す際には、本書中における対応箇所を併記しておいた。

①体系性を有する一つの研究としての本書全体のまとまりを示すため、各章の関係性などをより明らかなかたちにするよう努めた。
②文献表示などの表記の統一化を図った。
③文章表現をより平易なものに改めるとともに、論理関係などのいっそうの明確化を試みた。

序　章

以下の各論稿における「序」などを基に書き下ろし

第1章・第2章

小関康平「国家の前憲法性と《法学的ビッグバン》の不在――J・イーゼンゼーの所説とその周辺――」法学研究年報四二号（二〇一三年一月・二〇一二年度号）［拙稿・第一論文］

小関康平「国家の前憲法性と継受の憲法理論――J・イーゼンゼーあるいはP・キルヒホフの所説を素材として――」比較憲法学研究二六号（二〇一四年一〇月）〔拙稿・第二論文〕

第3章

小関康平「法人意思と法人機関意思――国家法人意思の探求に捧げる試論――」法学研究年報四三号（二〇一四年一月・二〇一三年度号）〔拙稿・第三論文〕

第4章

小関康平「国家法人説及び国家機械論との比較における国家有機体説に関する検討の断章――前憲法的なるものとしての国家に向ける予備考察として――」洗足論叢四三号（二〇一五年二月）〔拙稿・第四論文〕

第5章

小関康平「《憲法の前提条件》とその諸例――憲法典の内と外――」法学研究年報四五号（二〇一五年一二月）〔拙稿・第五論文〕

第6章

小関康平「法服従義務・憲法服従義務・憲法尊重擁護義務――ア・プリオリな基本義務と成文化された基本義務――」法学研究年報四六号（二〇一六年一二月）〔拙稿・第六論文〕

終　章

書き下ろし

あとがき――回顧と謝辞

本書は、著者が日本大学へ提出した博士論文「憲法典の前提としての国家――成文憲法の解釈指針の構築及び憲法領域における不文法源の探求に向ける基礎理論的枠組み――」（平成三〇年三月学位授与／博士（法学）／甲第五二八二号）を基にしたものであって、著者が初めて上梓する単著単行本である。学位取得から今日にいたるまで公刊が先延ばしになったのは、日頃の教務その他に忙殺されていたとはいえ、著者の怠惰の致すところにほかならない。しかしながら、こうして出版の運びとなり、ようやく愁眉を開く思いである。

さて、本書の基になった初出一覧の諸論文は、直接には、いずれも博士後期課程在籍時（平成二四年以降）に執筆・発表したものであるが、著者の国家論研究の（準備）作業はすでに前期博士課程（平成二一年以降）の中頃には着手されていた。そうした意味において、本書は、おおむね平成二〇（あるいは西暦二〇一〇）年代に行った著者の研究の所産を――なんとか、それらしく？――まとめたものとして位置付けることができるかもしれない。とはいえ、そのような歳月を費やしておきながら、その成果が――量・質ともに――この程度の小著でしかないのは、もっぱら著者の浅学非才に由来するものであって、諒に汗顔の至りである。

本書の学術的評価については、読者諸賢の声を俟つほかないが、もし仮に、本書の内容がいくらかでも肯定的評価に値するものとして仕上がっているとすれば、それは、これまで直接・間接のかたちにおいて、ご指導下さった諸先生方のお蔭を被るところが大きい。そのなかでも、特に指導教授・博士論文審査委員主査である池田実先生に感謝申し上げたい。

著者の博士論文に対する池田先生のご指導は、緻密さと丹念さに特徴づけられていた。緻密さについては、本文の内容のみならず、脚注の一文字一文字にまで（ときには句読点の位置に至るまで）注意深く目を配られ、翻訳の正確性、論理的一貫性、表現の適切性などの諸側面から、丁寧で細やかなご指導をして戴いた。

しかも、こうしたご指導は、一箇所につき一回限りのものではなく、例外なく複数回に亘って行われた。それが丹念さである。そのご指導は、最も大きな時期的な単位でも三段階に区分できる。まず、第一段階として、おおむね平成二七（二〇一五）年秋から平成二八（二〇一六）年春にかけて、博士論文各章の初形である雑誌論文の段階のものをお読みくださり、それに基づいてご指導下さった。そして、第二段階として、第一段階におけるご指導を反映し、かつ、博士論文の草稿としてのかたちを整えた原稿に基づいて更なるご指導を頂戴し、それを受けて必要な加徐修正を施しつつ、博士論文がまさに一章ずつ出来上がっていった。この作業は、おおむね平成二八（二〇一六）年春から平成二九（二〇一七）年春にかけて行われた。こうした作業を前提として、著者は――すでに平成二八（二〇一六）年三月に博士後期課程をいったん単位取得退学していたが――平成二九（二〇一七）年四月には、学位請求のため再入学した。その後は、同年五月に控えていた予備試験（二ヶ国語の筆記試験審査と、専門分野の口述試験審査）への準備を中心に過ごした。六月には予備試験に合格した旨通知され、博士論文の提出資格を得たので、平成二九（二〇一七）春までに仕上げた原稿に、さらに予備試験委員の先生方のご指摘を加味するべく必要な修正に着手した。同年一〇月末までに博士論文の完成稿を提出するよう大学から命ぜられていたため、予備試験委員の先生方のご指摘を反映した原稿は九月初旬に仕上がった。このときの原稿が第三段階目のものであり、残り約二ヶ月弱をかけて、池田先生は、再度、博士論文の全体を通読して、必要なご指摘を下さった。

池田先生のご指導は、基本的には対面の形式で行われたが、スケジュールの調整等が難しくなることもあり、直接お会いする機会を得られないこともあった。しかし、そうしたなかにおいても、メールやラインによって連絡を取り合い、原稿の添削等を送って下さったりした。お忙しいなかにあっても、緻密で丹念なご指導をして戴いたからこそ、何とか完成に漕ぎ着けることができたのではないかと思われる。池田実先生には、改めて深甚の謝意を表する次第である。

このほか、著者の博士論文の審査委員（副査）であった齋藤康輝教授（兼・予備試験委員）及び渡邊亙名城大学教授（外部委員）の両先生に対しても、そして、予備試験委員であった甲斐素直教授及び高畑英一郎教授の両先生に対しても、審査の労を厭わずお引き受け戴いたことを記して感謝申し上げる。副査委員及び予備試験委員の先生方からは、特に、国家の法人性（特に、本書第1章第2節、及び第3章第3・4節など）に関する事項や、ドイツ（連邦）参議院制度（本書第2章第2節）に関する事項などを中心に、有益なご助言を賜ることができた。

最後になるが、出版については、三恵社の方々にご協力を戴いた。無名な若手学者の、しかも夏炉冬扇が予測されるがごとき、学術専門書の出版であるにもかかわらず、好条件での出版をお引き受け戴いたことを厚く御礼申し上げる。

令和元年八月

小関　康平

著者紹介

小関　康平　*Dr. Kohei Ozeki*

法学者。昭和 61 年 12 月 24 日東京都生まれ。

国立高専機構 大分工業高等専門学校 専任講師。博士（法学）。専門は憲法学。

獨協大学法学部法律学科卒業（第 30 回獨協大学法学会賞受賞）。慶應義塾大学大学院法学研究科公法学専攻前期博士課程修了。日本大学大学院法学研究科公法学専攻博士後期課程修了。国士舘大学講師、千葉経済大学短期大学部講師などを経て現職。

本書の基となった博士論文で学位を取得した。このほか、主要論文に「性表現裁判例にみる猥褻概念・猥褻性判断方法の変遷」Law & Practice Vol. 10 などがある。

前憲法的国家の法理論

2019 年 8 月 28 日　初版発行　**定価（本体価格 3, 500 円+税）**
2020 年 5 月 28 日　初版補訂版発行

著　者　小　関　　康　平
発　行　株 式 会 社 三 恵 社
〒462-0056 愛知県名古屋市北区中丸町 2-24-1
TEL 052 (915) 5211
FAX 052 (915) 5019
URL http://www.sankeisha.com

乱丁・落丁の場合はお取替えいたします。
ISBN978-4-86693-103-6 C3032 ¥3500E